区块链

分布式商业与智数未来

肖风◎著

中信出版集团 | 北京

图书在版编目（CIP）数据

区块链：分布式商业与智数未来 / 肖风著．-- 北京：中信出版社，2020.11

（万向区块链实验室丛书）

ISBN 978-7-5217-2292-5

Ⅰ．①区… Ⅱ．①肖… Ⅲ．①区块链技术 Ⅳ．①F713.361.3

中国版本图书馆 CIP 数据核字（2020）第 183723 号

区块链：分布式商业与智数未来

著　　者：肖　风

出版发行：中信出版集团股份有限公司

（北京市朝阳区惠新东街甲 4 号富盛大厦 2 座　邮编　100029）

承 印 者：北京盛通印刷股份有限公司

开　　本：880mm × 1230mm　1/32　　印　　张：9　　字　　数：190 千字

版　　次：2020 年 11 月第 1 版　　印　　次：2020 年 11 月第 1 次印刷

书　　号：ISBN 978-7-5217-2292-5

定　　价：69.00 元

审稿委员会（排名不分先后）

总审稿人： 邹传伟　龚　鸣

审　　校： 丁　磊　凯　尔　郝　凯　钱柏钧

目 录

自　序　数字化时代的商业重构

区块链技术崛起的背后是新一轮数字经济变革带来的时代机遇。2020 年是全球化进程中一个关键的分水岭。这个分水岭本来可能会晚几年出现，然而 2020 年突如其来的新冠肺炎疫情将它猛然提前了 3~5 年。

2020 年——全球化的分水岭

2020 年之前，全球化是产业链的全球化。集装箱的发明，使跨国运输成本大幅下降，从而打破了产业链在物理上的布局。在过去几十年里，依据成本效益的原则，产业链的全球化配置已经成为常态。在这样的全球化进程中，包括中国在内的许多国家都获益颇丰。然而，像美国等一些发达国家的产业工人和中产阶级也不可避免地受到了冲击。毕竟，他们是难以随着产业全球化的进程而转移到全球各地继续就业的，这在经济学上被称为“不可贸易品”。这样的影响，导致逆全球化的思潮开始在全球涌动。

物理空间的产业转移并非全球化运动的全局。互联网的发展与壮大，为全球运动增加了新的方向。2020 年新冠肺炎疫情暴发后，全球很多的商业机构都推出了自己的应对策略，通过数字化工具实现远程办公和远程协作，以降低疫情对业务的影响。推特、高盛等机构在疫情期间推行全部或部分员工在家办公的举措，意味着硅谷的高新技术公司和华尔街的金融机构已开始改变以往的运作模式。2020 年之后的全球化，已经不是物理意义上的要素转移，而是要从物理世界走向数字世界。在这个新世界中不存在明显的国界，活动范围甚至可以跨越时空，成为真正意义上的“全球化”。它为前述的“不可贸易品”问题提供了很好的解决思路。例如，通过互联网和各种数字化工具，身在英国和美国的英语教师也能为身在中国的学生进行在线教学。

第一场全球化有个著名的口号——“世界是平的”，这是物理概念；第二场全球化也有个著名的口号——“穿越平行宇宙”，这里的平行宇宙指的是我们所生存的物理地球之外的数字地球、数字世界与物理世界是平行的关系。这将会成为未来 10 年或 20 年响彻云霄的一个口号。2020 年之后，基于数字空间展开的和被疫情猛烈推动的第二场全球化，一定会给世界带来一个更美好的未来。

组织的数字化

人们经常将美国形容为“车轮上的国家”，这反映的是美国的工业化给社会带来的巨大改变。随着数字化时代的到来，组织也开始变成“线上的组织”，这也是非常大的变化，反映了一个新的趋势。从很多组织的管理架构和运作模式来看，新一轮的组织数字化运动早已揭开帷幕。

在2020年的前4个月，为了应对新冠肺炎疫情带来的影响，很多大型互联网公司（尤其是欧美的）都开始采取远程办公的方式。据一些公司的高管反映，这并没有影响公司的工作效率和产出，反而使工作效率在一定程度上得到了提升。如果远程办公成为普遍现象，那么员工到底是在上海、纽约、旧金山还是在班加罗尔工作也就不再重要了。因为疫情的影响，组织的数字化速度发生了巨大的改变，同时也重塑了雇主与雇员之间的关系。当雇主不再需要为员工办理工作签证时，在数字空间进行的全球化的人才雇用也可能成为轻而易举的事情。前面讲到，在第一场全球化中受影响最大的是发达国家的劳动力，因为基于物理空间提供的劳动力是“不可贸易品”。然而有了数字化工具后，对于如何解决这些问题就有了新的思路。零工经济可能会因此成为劳动力资源供应的新模式。

另外，数字化对公司的组织管理和控制系统也会带来巨大的冲击，原来纵向的管理系统的重要性开始降低，而横向的协同系统的重要性不断升高。因此，需要在不同时空展开协作时，旨在横向对齐目标的 OKR（目标与关键成果法）管理系统就开始代替 KPI（关键绩效指标）管理系统。在 OKR 管理系统的推动上，谷歌公司可谓是典型的案例，而国内的字节跳动公司也很早就引入了 OKR 管理系统。目前字节跳动公司已经成为发展速度最快的互联网公司之一。

商业的数字化

可以肯定地说，经过 300 多年工业革命的改造，任何商业都已经进入边际效应递减的阶段。杨振宁院士曾经反对投入上千亿元建造大型对撞机，他认为现代物理学早已进入停滞的阶段，因此没必要花费如此多的资源去建造一个边际效应递减的项目。

过去 20 年，使用化学方法来合成药物的边际效应也在递减。一家医疗公司的首席执行官说过，过去 20 年所有新药的产生使用的都不是化学方法，而是生物方法。

与之类似的还有汽车制造业。奔驰和宝马这样的汽车公司在过去 100 多年来遵循的都是物理学，它们一直在钻研汽车里最有价值的发动机。如果观察一下奔驰、宝马、大众、福特或者是通用汽车的年报，就会发现这些汽车公司每年的研发费用都是百亿美元级的。可是，汽车的发动机每年都有很大的改进吗？答案是非常小。即使投入几十亿美元继续优化发动机的能效，也只能让发动机的能效提升 1%，这远远达不到用户能感知的级别。因此，继续朝着优化发动机来提升能效的方向走下去，显然是行不通的。于是，硅谷的工程师提出了一个问题："汽车为什么一定要用传统发动机？"不久之后，将传统汽车的 3 万多个零部件减少到 3 000 多个零部件的电动汽车诞生了。电动汽车的发明就是一场用软件重新定义汽车的变革，数据将成为汽车中最有价值的元素，而不是其物理结构。

商业的数字化已经发生，而且必然发生，这是因为工业革命、物理学、化学已经不可回避地走到了边际效应递减的阶段。

在数字空间重构商业

面对这样一场数字化迁徙，我们需要很多工具进行辅助。以 5G（第五代移动通信技术）为代表的 ICT（信息和通信技术）是必不可少的元素。可以得出一个结论，美国的产业发展是与信息和通信技术的发展同步的。例如，没有早期的电报系统的发展，铁路的安全调度就很难实现。从电报系统、电话系统、无线电系统再到现代的信息和通信技术，美国一直都处于领先地位。这在一定程度上解释了美国在 5G 时代的敏感和焦虑。

通过互联网，人类被连接在一起。通过物联网，设备和人被连接在一起。这两个网络使人类社会第一次有机会以极低的成本收集海量的数据。就数据本身而言，目前只有互联网公司真正使用到用户的行为数据，其他的数据都还没有开始大规模使用。因此这个市场未来的前景要比现在大很多倍。云计算也是整个数字化迁徙当中非常重要的工具。从人工智能发展的“三大支柱”（数据、算法和算力）来看，其中的数据可以被称为“算据”，即计算的依据。而通过区块链技术提供的数字化的信任机制，数据能够具有不可撤销、不可删除、不可修改的特性。

结　论

在工业经济时代，当时市值最高的公司通用电气曾经达到近 6 000 亿美元，然而后来却远远落后于主流的科技公司。任何一个工业公司在加工一个物理结构的物品时，边际成本都不可能是零。因此，工业革命已经走到了边际效应递减的阶段，必须重新思考现有的商业模式。

从物理世界迁徙到数字世界，所有的商业都必将被重构，也值得被重构。在边际成本为零的数字经济体里，万亿美元市值将会成为常态。基于区块链等技术，新一轮的数字化迁徙浪潮迎面而来。创业者需要耐心地从底层技术开发做起，拥有应用场景的机构要积极拥抱新事物，以开放的心态积极与区块链创业者合作。我们应该了解、研究并做好心理准备迎接这个新时代、新里程的到来。综合当前国际形势，我国可以通过政府和商业机构的合作，联合创新区块链技术，努力做到区块链技术的自主可控，从而占领全球区块链领域的制高点。抓住区块链发展的关键机遇期，也许能为我国提供一次“弯道超车”和领先世界的机会。

数字化迁徙的运动正在网络世界、虚拟空间里建立一个数字化新世界，这个新世界可能蕴藏着比物理世界更大的财富宝藏。互联网、区块链、虚拟现实、增强现实、人工智能等新技术都是人类驶向数字世界的帆船。我们一定要争做数字世界的新移民，千万不要做物理世界的旧遗民。值得提醒的是，行业参与者不要拘泥于数字货币这个小圈子，而要投身于区块链在各行各业的应用研究中。有大视野才有大事业！

引 言

1996 年，时任美国麻省理工学院媒体实验室负责人的尼古拉斯·尼葛洛庞帝写了一本名为《数字化生存》的书，预言了人们将从物理世界逐步向数字世界迁徙。数字化迁徙离不开互联网技术的发展，在 20 世纪 90 年代初，TCP/IP 协议（传输控制协议 / 网际协议）被定义为互联网的标准协议，这促进了互联网的标准化。随后，微软公司的 Windows 视窗操作系统的问世以及浏览器的发明，大大降低了用户上网的操作门槛，让互联网得以进一步普及。随着各种新型商业应用、商业模式的不断出现，整个互联网产业开始飞速发展。2000 年互联网科技股泡沫破灭把投机行为清除出场，为真正有技术、有想法、有实践能力的公司提供了非常大的生长空间，很多大型互联网公司都在这段时期诞生。

人们接入互联网的主要方式经历了几次大的变更。最早人们通过 PC（个人计算机）接入互联网，这被称为桌面互联网时代。到了 2007 年，随着苹果公司的 iPhone 等智能手机的出现，人们能够在脱离计算机的情况下接入互联网，这被称为移动互联网时代。这是一个革命性的变化。在互联网时代，人们每天都花几个小时的时间在智能手机上，也就是说，移动互联网使每个人的“数字化生存”时间大大延长，“24 小时在线”开始成为现实。“数字化生存”让数据开始被程序化、代码化，算法在其中成为重要的驱动力量，这在一定程度上催生了后来的区块链技术。桌面互联网和移动互联网都属于信息互联网的范畴，通过提供更高效的信息传递方式来解决信息不对称的问题。中国的 BAT（百度、阿里巴巴和腾讯的简称）其实做的都是信息传播的生意。

现在人们已经很难想象脱离互联网的生活方式了，它对人与人的关系、人与物质的关系都带来了巨大的变化。不过，互联网发展至今，也出现了一些众所周知的弊病：

- 互联网巨头垄断现象明显，这些巨头控制了大量的用户数据用以牟利，却没有配备完善的机制去保护这些信息，导致隐私数据泄露事件频发；
- 不同的互联网机构形成了一个个数据孤岛，互操作性差，信任成本高；
- 安全风险无处不在，随着物联网时代的到来，联网设备的安全性成为关注的焦点。

上述问题仅仅是现有互联网模式所存缺陷的冰山一角。随着区块链技术的出现，人们看到了新一代互联网的曙光。在接下来的内容中，将会介绍区块链技术的本质——账本，以及它是如何在新一代互联网中发挥作用的。

区块链实际是一个账本系统

2008 年，随着中本聪的论文《比特币：一种点对点的电子现金系统》的问世，区块链技术开始进入技术极客的视野。不过，对构成区块链技术的基本组件的研究远早于此。密码学家尼克·萨博在 1994 年就提出了智能合约的理论，而密码学家大卫·查姆在 20 世纪 70 年代就成立了研究电子现金技术的公司。与区块链技术相关的很多密码学基础算法和拜占庭容错算法的研究都始于 20 世纪 70 年代甚至更早。因此，区块链技术并非在 2008 年凭空出现，它经过了很长时间的沉淀。

美国斯坦福大学教授布莱恩·阿瑟是一位专门研究复杂系统理论的学者，在他所著的《技术的本质：技术是什么，它是如何进化的》一书中总结了新技术对人类社会、商业社会带来的改造，其中有一个结论——任何产生颠覆式的创新都来自一组技术的组合进化，而非单一的技术。从这个角度来看，区块链本身就是一组技术的组合，除了 ICT、分布式网络技术外，还包括数学、密码学、博弈论、经济学、机制设计理论、组织理论等一系列涉及社会科学、自然科学的理论的融合应用。

归根结底，区块链技术是记录人类价值交换活动的账本。要了解区块链技术的本质，可以先来回顾一下人类历史上账本演变的历程。

过去500多年，人类使用的主要记账方式是复式记账法。莎士比亚的戏剧《威尼斯商人》展示了在文艺复兴时期，意大利因其特殊的地理位置——地中海东岸——逐渐发展成为全球的贸易中心。当时的意大利商人通过地中海在中东和亚洲进行了很多跨国、跨洲的贸易。这些跨国贸易是非常复杂的，即使到了今天也是如此。复杂的贸易自然会对金融服务产生非常复杂的需求。1494年，一位意大利数学家依据文艺复兴时期威尼斯商人在记账方法上的创新，总结了一套复式记账法。第一家现代意义上的银行诞生在威尼斯，它建立的背景就是基于威尼斯在全球贸易中的角色，以及复式记账法在威尼斯被创造出来的先决条件。复式记账法一直沿用到今天，其最大的特点是把借方、贷方、资产、负债、收入和支出都做了平衡的记录。

再来看中国，中国直到清朝末年时使用的都是流水账的记账方法。为什么现代商业或现代金融服务没有在当时的中国产生？因为流水账主要记录交易的收入和支出，而不会记录负债，因此就无法清楚了解真实的负债率。当时的票号和钱庄都是依赖年底的盘点来做决算，现代银行业进入中国以后，这些票号和钱庄就丧失了竞争力。

如今，随着互联网的发展，数据开始被集中处理，几乎所有的系统背后都有数据库，也可以理解为一个“账本”。在现实经济中，每个人都有机会与银行账户、养老金账户、保险账户、证券账户和互联网钱包等账户打交道。谁负责给这些账户记账？目前的模式是由账本系统的所有者来负责记账。例如银行负责记录自己的账本，蚂蚁金服负责记录支付宝的账本。这就是中心化的记账模式。

这种记账模式并不一定适用于所有的场景。随着互联网的进一步发展，我们的活动方式正从原子状态走向比特状态，从低维走向高维。在中国有两个非常鲜明的案例很能说明这个趋势。一个案例是外卖，网上有一个段子，“打败康师傅方便面的不是统一方便面，而是外卖”。当人们在家里半小时内就能叫到丰富多样的美食之后，就不会再去选择方便面，这导致方便面的销量大幅下降。然而，互联网外卖的初衷并不是与方便面产业竞争。另一个案例是“打败小偷的不是警察，而是手机支付”。现在很多中国人已经不喜欢携带现金了，这给小偷的“职业”造成了很大的冲击。发明支付宝支付和微信支付的初衷，也不是打击小偷。然而在更高的维度建立商业模式以后，旧世界的很多东西自然就要被淘汰、被消灭。

这个过程也顺应了从工业社会向信息社会的迁徙趋势。这时，经济出现了一些新的规律和规则。在过去几年里，已经有不少观察家和经济学家对此做过总结，相关著作有卡尔·夏皮罗的《信息规则：网络经济的策略指导》和凯文·凯利的《新经济，新规则》等。在数字化迁徙的进程中需要有新的记账方法和账户体系，甚至新的记账单位，而现有的体系已经不足以为此提供支撑。这就是分布式账本产生的大背景。

记账方法是一整套体系，而账户是记账方法的基础。从根本上说，区块链也是一个记账系统，它在互联网上提供了点对点、端对端的记账方法。从这个角度看，账本有五个特点。

区块链是记录交易（或业务）活动的总账本

以比特币区块链为例，它是全球的比特币交易活动的总账本。在区块链中，开户、登记、交易、结算、支付等所有行为都可以在一个系统上完成，并可以脱离中介机构单独运行。很多金融机构认为，区块链技术可以取代金融服务机构提供的股份登记结算、资金结算等业务，改变金融行业的清结算方法，将净额交收变为实时全额交收。交收方式的改变意味着金融系统也可以像区块链一样，24 小时运转，实时结算、实时到账。针对现有的业务模式而言，很多中介机构可能会因此面临破产之灾。

区块链的账本由多方共同维护，对参与方是公开透明的

在默认情况下，区块链账本上的业务记录对参与方都是公开透明的，并由参与方共同维护。依靠共识算法，区块链可以保证数据真实、准确和透明，使账本具有记录可追踪、可审计、

不可篡改的特性。在区块链系统中，如果产生了新的交易数据，系统的每个节点都有机会参与记账并将内容的变化同步到系统的其他参与节点当中。这样，区块链系统中的每个节点都有了一本完整的账本，因此这些数据的安全性就大大提高了——攻击者需要同时篡改超过半数的系统节点数据才能成功发起攻击，其代价极高，这几乎不可能实现。

正因如此，区块链在审计场景中有不少的应用潜力。像德勤这样的会计师事务所就已经在全球范围内推动区块链技术的应用，并已获得显著的收入。如果将企业的交易账目都记录在区块链上，确保记录的不可篡改性，就会极大地简化财务审计调查的工作。这类机构积极推动区块链技术的应用，是因为它们认为这会省下很多的工作时间。在跨境汇兑场景中，可以通过区块链技术取代金融中介所提供的背书作用，让人们点对点地发起自助交易。据粗略统计，全球每年的小额跨境汇款仅手续费一项就达到近 200 亿美元，如果用区块链解决方案，这笔费用就能节省很多。

区块链账本支持可编程的特性

通过智能合约等元素，区块链能够实现低成本的自动化交易，实现可编程经济。可编程经济与计划经济其实是有相似之处的。传统的计划经济手段效率很低，然而在可编程的模式下，人们可以通过代码进行高效的计划设计，效率可能就完全不一样了。可编程经济的基础在哪里，就在于人与人、人与物、物与物和设备完全互联互通，完全被数字化。汇丰银行的一份研究报告表明，各国央行可以利用区块链的可编程性精准地执行货币政策。区块链业界也在使用区块链的可编程性，编写能够自动执行约定的计算机程序，即智能合约。智能合约技术成熟后，金融交易可以完全自动化，这将节省大量中后台行政人员的投入，真正进入可编程经济时代。金融业还可以借助区块链技术，建立智能债券平台，实现债券的发行、交易、结算过程全部自动化。这样的平台还可以利用可编程的特性约定发行的规模、利率、投资者资格、资金用途和流通范围等。例如，智能债券平台可以允许“一带一路”沿线国家和地区在这个智能债券平台上发债融资，确保平台上发行的债券所筹集的资金会真正用在“一带一路”倡议中。智能合约会自动按照事先的约定来识别条件并自动执行约定，不给任何人修改的可能。这为“一带一路”倡议提供了精准的金融支持和可靠的技术保证。

区块链可作为万物互联时代的基础账本

当高度的数字化被实现后，现实生活中的规则就不再主宰我们在互联网上的关系了，数字化关系将会成为常态。基于区块链技术所确立的互联网价值交换体系，能够实现物质设备和物质资产的数字化、资产化。这样的资产称为智能资产，倘若它们能够在公有链上交易和流通，那么它们的被接受度可能比某个主权货币还要高，因为它是全球化的，相当于某种意义上的全球通货。除此之外，还可以通过联盟链或私有链的模式来限制这些资产的流动，例如央行可以自己建立一个区块链，只有授权机构（如中国的银行）才能成为其中的节点。

将来，机器可以拥有自己的身份和银行账户，能够自动和另外一台机器完成金融交易。在三星的一个洗衣机试验场景中，洗衣机可以自动检测洗衣粉的消耗状况，在存量不足时会自动下单补充洗衣粉，并通过数字钱包完成支付。到那个时候，整个金融体系也会受到很大的挑战。除了人类，动物、冰箱、洗衣机、电视机、电表和水表等都可以拥有自己的账户。那么，如何确保设备和交易的安全性？如何确保金融机构的客户身份验证的真实性及合规性？这些问题都有待解决。因此，可编程经济阶段不是一蹴而就的，也许在10年以后，会有相应的法律去明确这些问题。

区块链账本可承载真正意义上的数字货币

现在，人们经常将电子货币和数字货币混为一谈，然而它们是完全不同的概念。电子货币是现有银行体系运营的，它记载的依然是中心化的金融业务机构（如银行、支付宝等）数据库里存储的信息。而数字货币是基于区块链技术这类去中心化体系发行的算法货币、资产锚定货币或可编程货币等。

使用区块链构建第二代互联网

第一代互联网的诸多问题已成为业界关注的焦点，构建第二代互联网的需求迫在眉睫。区块链被称为第二代互联网的重要技术，是因为它涵盖了价值互联网、产业互联网、加密互联网和分布式互联网这四个层次。人们预测它可能会像第一代互联网那样，给人们的生活带来翻天覆地的变化。

第一个层次，价值互联网

价值传输协议是价值互联网的基础。人们在上网的时候，经常会看到以“HTTP”开头的网址，它背后的HTTP协议（超文本传输协议）能够让网站服务器与客户端进行更高效的沟通。至于邮件系统，基本上都是通过SMTP协议（简单邮件传输协议）来传递电子邮件的。HTTP和SMTP这类协议传递的是信息，而区块链的底层协议传递的则是价值。

用最通俗的话来讲，在价值互联网上处理价值就如发送信息那么方便。2009年比特币及区块链技术的诞生，标志着价值互联网的时代正式来临。可以预期，在未来5~10年内，以区块链等技术为代表的价值互联网的影响力将扩展到整个社会。在信息互联网的影响下，人类社会已经发生了翻天覆地的变化，社会福利因此大幅增加；而在价值互联网的推动下，人类社会也必将迎来一场更重要的变革。

第二个层次，产业互联网

从对经济和生活的影响上看，现有的互联网也可视为“消费互联网”。我们所看到的阿里巴巴、腾讯、京东等公司的成功，更多的是在消费互联网领域取得了突破。新一代的互联网必须进入新的阶段——“产业互联网”或“工业互联网”。

产业互联网或工业互联网的一个典型场景就是物联网、车联网。我们要处理的不仅仅是人与人之间的关系，还有人和社会、社会和社会之间的关系，从人和人、人和物、物和物之间的通信开始，最后实现万物互联互通。尽管产业互联网和工业互联网现在都还不够成熟，但在 3 年之后，尤其是在 5G 网络大规模铺开使用后，其发展可能都会进入一个新的拐点。区块链技术可以解决现有物联网模式的缺陷，提高其安全性和交易效率。在这个层次上，区块链可以促使人类社会从消费互联网走向产业互联网。

第三个层次，加密互联网

互联网上每个人都是透明的，人们在享受了互联网带来的便利之余，也在不知不觉中泄露了自己的隐私，丧失了数据的拥有权。现在，仅凭一个电话号码，就能在互联网上找出大量的个人信息。通过密码学技术，区块链给我们提供了潜在的隐私保护方案。此外，区块链还能为数据确权，将数据主权归还给其所有者，而不是让它被互联网公司无偿地占有。这样，人们在互联网上就可以自主选择数据的开放范围、对象和期限。

第四个层次，分布式互联网

现有的互联网世界里，虽然很多的应用信息（如邮件）是点对点发送的，但经常会有中心化机构的参与。与中心化相对的，就是分布式。作为区块链技术的基础之一，分布式网络技术在 1999 年就已经备受关注了，由于它当时主要被用于盗版传播，所以美国政府对其进行了打压。从技术特性上看，分布式网络能够让设备脱离中心服务器直接通信，降低中心化信息基础设施的建设成本。从通信效率来看，分布式网络的通信与城市交通状况是相反的。在城市中，车辆越多交通状况就会越差，而在分布式网络中设备的数量越多，网络状况则越通畅。因为分布式网络能够让用户根据网络和节点分布的状况就近选择接入节点，有利于用户体验的提升。随着物联网设备逐渐走进千家万户，面对如此庞大的联网需求，中心化的基础设施变得难以应对。可以预见，随着区块链等技术的出现，分布式网络在物联网时代将会得到又一次的飞速发展。工业社会几百年中形成的层级化金字塔结构，将会变成信息社会之下的分布式结构。

将来，会有越来越多的企业不再需要金字塔式的组织结构和规章制度。新一代的互联网将重新定义组织形态，催生依靠软件、算法就能实现高效运行的全球化组织。这种趋势，在区块链技术发展历史里就能够窥见一斑。2009 年，比特币区块链是当时唯一的区块链网络。随后逐渐产生了诸如以太坊、比特股等各种各样的区块链技术，并形成了公有链、联盟链和私有链的分类。在公有链的体系中，不存在中心机构的管理和控制，即便是各国政府也很难真正控制这样的区块链网络。

区块链对社会经济的影响

在互联网大规模普及之前，要向 1 万人分享一首歌，就需要刻录 1 万张光盘并分发出去。基于物理状态的分发活动，边际成本一定是持续增加的。然而，通过互联网来进行这样的分发，无论受众有多少，边际成本都可以忽略不计。作为经济学研究的一门大学说，现代企业制度就是建立在交易成本理论上的。我们需要用公司这种组织形式，把某一部分市场流程“内化”为企业内部流程，以此来降低交易成本。因此，企业的内部成本必须低于市场成本，否则就没有存在的必要性了。《零边际成本社会》这本书提出的“零边际成本”概念，对交易成本理论带来了很大的冲击。基于区块链和分布式账本进行的交易，其边际成本几乎为零，这将极大地降低交易成本。这些变化，让人们开始质疑企业的存在价值。

在新兴的数字世界中，自主组织和自主治理将会成为新型的经济组织状态，它不再靠董事会、股东会来表决和做决定，也没有人力资源部门、财务部门、办公室来维持运作，而是依靠“算法”这套规则来运行。在传统的经济体系当中，这几乎是难以想象的。基于一系列的算法，区块链和分布式账本技术为新经济、新规则提供了一套记账方法和账户体系，可以帮助新经济更好、更高效、更低成本地运行。在这个新的世界里，一切都将被重新定义，很多全新的金融交易模式、商业交易模式会因此产生。

第一，区块链的账户体系和现有的银行账户体系存在很大的区别。在区块链上可以基于非对称加密算法开设账户，无须得到第三方的许可。不过，在这样的模式下，应如何评估用户的信用等级并决定为其提供的金融服务范围？这就需要依靠由数字算法构成的治理规则来降低信任成本，增加作恶的难度。当然了，银行机构仍可以通过部署联盟链等手段，为区块链系统增加许可机制。

第二，区块链账户可以通过智能合约进行编程控制，实现高度的智能化。

第三，区块链可以通过私钥等手段确定资产的权属，脱离对第三方中介机构的依赖。

第四，人和机器都可以通过区块链开设账户。在未来，世界上数千亿台物联网设备不可能把每分每秒产生的数据实时传到中心化的数据中心处理。例如，无人驾驶汽车在路上行驶的时候，倘若要把所有的影像传回中心化的服务器处理后再做出响应，就会因网络延时等问题造成很多交通事故。基于边缘计算技术，数据在本地端就可以直接进行计算，将来有很多金融交易会在机器和机器之间直接发生。区块链为机器驱动的经济体提供了很好的账户解决方案。

第五，区块链是分布式的记账模式。在传统的银行业务中，每天需要进行结算操作。银行不可能 24 小时营业，是因为很多时候与资金划转相关的事务已经被记录下来了，但是资金还在途，所以每家银行在第二天一定会对前一天的账目进行修正。这样的模式很容易会发生差错，大部分的金融欺诈风险会在净额交收的过程当中发生。与此相反，从比特币区块链网络诞生之时起，网络中新产生的相关交易大约每隔 10 分钟就会被结算一次，这与现有银行体系和企业的结算方法有很大的差别。区块链通过分布式的记账方法，由多方共同记账并维护账本，使信息完全对等透明。因此，区块链能够做到全天候无休处理交易，因为它不需要把系统停下来执行清算、结算任务。

第六，参与者基于公开透明的数学规则和信息，在区块链上进行博弈，促进最优选择的形成。

第七，除了资金流外，区块链上的账户还可以记录信息流、物流、社会关系等要素，这为风险管理提供了新的解决方案。

第八，区块链的账户体系真正实现了穿透式监管。基于监管原因，银行和监管者都希望能够穿透查看账户的信息，降低洗钱风险。而在区块链上，参与维护账本的节点能够查看最原始的数据、资料和信息，而且确保它们的可信性，从而为穿透式监管提供了新手段。

区块链的核心是分布式而非去中心化

要理解区块链的核心性质，可以从著名社会学家凯文·凯利于20世纪90年代初所著的《失控：全人类的最终命运和结局》一书入手。它是一本关于自然万物、人类社会和科学技术如何进化的著作。彼时，互联网标准协议在经过长达近30年的实验和争议后，被确定为基于TCP/IP协议的分层结构。凯文·凯利在那时候就几乎预言到了今天互联网世界所发生的一切：移动互联网、云计算、大数据等。该书中的观点不仅可以帮助我们厘清互联网世界的发展历程，还可以指引我们认清区块链的未来趋势。

工业革命的特色之一就是强调结构、标准和控制，而生物学进化论是相对于工业革命的机械学进化论而言的。《失控：全人类的最终命运和结局》这本书的主题词基本可以概括为九个字：分布式、去中心、自组织。从控制到失控，从中心到边缘，从他治到自治，这就是凯文·凯利独具特色的生物学进化论的中心逻辑框架。

凯文·凯利专门解释了分布式网络的特性：没有强制性的中心控制，次级单位具有自治的性质，次级单位之间彼此高度连接，点对点间的影响通过网络形成了非线性因果关系。我们从中可以领会到的就是与工业社会完全不同的新型社会结构、商业模式和人际关系——弱控制、去中心、自治机制、网络架构和耦合连接等。这其实就是区块链技术的全部精要，它的点对点价值传输协议、分布式数据库、分布式账本、智能合约和可编程数字货币等元素，就是凯文·凯利的分布式网络理论在工程技术层面的具体实现。

区块链要对现实世界产生革命性影响，有几个问题必须澄清：

第一，区块链的核心是分布式而不是去中心化。根据凯文·凯利的定义，分布式系统“没有强制性的中心控制”，这里的意思是分布式系统弱化了中心控制，而不是消灭了中心控制。凯文·凯利认为去中心化是一个过程而不是一个结果，一个具有更高效率和更低成本的新生事物，必定会将陈旧僵化的旧中心取而代之。进一步而言，公平与效率永远是对立统一的矛盾体，区块链也许能够使公平和效率更加接近最优平衡，但至少以目前的技术来说仍然看不到消弭两者间隙的可能性。若要依靠去中心化的共识算法来保持数据的高度一致性，就无法兼顾效率。公平与效率的矛盾，在区块链上还是没能完全打破。

第二，区块链是分布式账本，但分布式账本不一定是区块链。毋庸讳言，区块链技术确实是由一群具有强烈无政府主义价值观的技术极客创造出来的。没有强烈价值观的驱使，人们就不可能变革旧事物。几千年来，无政府主义者的大部分尝试都以失败告终，这一次，技术极客希望在网络空间的虚拟社会里建立一个去中心化的自治社区。比特币区块链作为一个小范围的实验，在多年的运行中证明了分布式网络确实有不少值得借鉴的技术优势。金融机构看到了这个实验展示出的机会，试图对比特币等公有链的技术进行改造，例如去掉原生数字货币，允许多个中心机构的共同治理，改进了共识算法并加入更强的隐私保护算法，甚至去除区块链的“链式”数据结构。为了强调这样的改造成果与公有链技术的差别，一般会将其命名为分布式账本技术。

第三，区块链在工程技术层面还不够成熟，离金融行业大面积应用还需要一定的时间。区块链行业一直有两个方向的参与者。一些人专注于“挖矿”、数字货币交易甚至是发行数字货币融资，业界俗称“币圈”；另一些人专注于区块链技术的研发、应用，甚至从区块链底层协议开发做起，业界俗称“链圈”。对于“币圈”的人来说，区块链技术目前的成熟程度已经足够满足他们的需求，因此他们对区块链技术的进一步发展并不关心。然而对于积极探讨区块链在各行各业应用的“链圈”来说，区块链技术目前还存在不少技术瓶颈，妨碍了各行各业的“区块链 +”应用。首先，区块链的共识算法如果无法进一步优化，金融领域就无法大规模使用区块链技术来搭建应用；其次，区块链具有高度的公开透明性，而银行很难接受这种做法，这就需要研发高效的隐私保护算法来解决透明性问题；最后，区块链的智能合约可能会因使用不当而带来漏洞，需要使用形式化验证等技术来降低风险，但这方面的技术仍不成熟。

第四，“代码即法律”只是乌托邦式的理想。智能合约既不是人工智能，也不是法律合同，只是帮助执行双方约定条件的一段计算机程序。虽然区块链上的智能合约在技术上可以保证做到不可反悔、不可篡改及按照约定自动执行，但“代码即法律”的想法就如同网络完全自治一样，基本不可能被现实社会所接受。因此，缔结、编制智能合约的依据大部分还是要源于现实世界的法律体制，比如产权的登记和确认；网络世界里发生的纠纷，最终还会需要一个第三方独立机构来提供最后的司法仲裁和救济。虽然区块链的可编程性确实能带来点对点的价值交换和金融交易的自动化、智能化，但这只是对法律体系和金融体系的技术革新，而不是改朝换代般的革命。

第五，比数字货币范围更大、价值更大的是数字资产。数字资产是指在区块链上登记、发行、交易的资产，它往往以Token[①]的方式记录在分布式账本上。

小 结

区块链技术已经进入了加速发展的新阶段。最初区块链是由一群草根技术极客以社区的方式开发的。近几年，一批创

① 本书中Token这个词会被频繁地使用，它在不同场所可指代凭证、代币、份额化资产等。在区块链领域，Token一般是指以份额化方式分割的、以加密资产形式存储的资产类别。为严谨起见，本书中提及Token的地方均保留其英文单词原意，不统一进行中文翻译。

业者开始利用风险投资基金的支持快速发展。2016 年，微软、IBM、英特尔等主流公司纷纷进入区块链行业。就如同 1995 年的互联网一样，区块链技术目前仍处在早期发展阶段，它离金融行业的实际应用尚有一段距离。区块链的核心技术（如共识算法和加密算法）都存在可以优化的空间和创新的机会。

我们在谈数字化的时候，实际上谈的是互联网化，而区块链技术也是互联网中的一环。现在，全球市值最大的 10 家互联网公司分布在中、美两国。预计在第二代互联网——价值互联网时代，这个市场格局仍能够保持。美国互联网公司有市场规模和原创技术的优势，而中国互联网公司目前还只是拥有市场规模，原创技术仍有待突破。

随着新技术和新应用模式的发展，区块链技术在 10~15 年内就足以带来翻天覆地的变化。正是因为这样的共识，一些国家的政府对区块链持积极态度，将区块链视为金融科技的基础设施和核心技术之一，甚至还设立了沙盒机制来支持相关金融科技的发展。为了鼓励创新，政府对区块链技术的监管政策和支持措施都不应过度，一方面应该“让子弹再飞一会儿”，在有一定基础之后，再制定监管政策和行业标准，另一方面也要防止一哄而上，拔苗助长。

第一章
区块链的产业应用价值

进入 2020 年，区块链的应用正在如火如荼地展开。然而，怎样使用区块链，怎样让区块链的价值最大化，成为最近讨论的热门话题。要认清区块链的应用价值，最好把它放在历史长河中与其他技术进行比较。因此，先回顾一下过去 100 年基础技术的发展历程。

在 19 世纪末期，爱迪生、尼古拉·特斯拉、马可尼等伟大的发明家发明了电力、电报、电话、无线通信。这些新技术的发明都集中出现在美国。美国能够在 19 世纪末期奠定全球经济霸主的地位，这与它引领了通信技术、电气化技术的发明、创造和创新，有非常大的关系。这些通信技术、电气化技术，就是通常所说的“CT”。通信技术，包括电力、电话、电报、无线通信和一直延续到今天的移动通信（如 5G）等。

在 20 世纪 70—80 年代，基础技术的新一轮革命再次发生。这次技术革命被叫作信息技术革命，也就是“IT”，它包括计算机、操作系统、软件工具、互联网、物联网等。

进入 21 世纪初期，基础技术出现了第三次迭代。此轮新技术的创新称为“数字技术”的创新。它包含区块链、云计算、人工智能、加密算法、基因工程等。

产业结构的升级改造历程

随着基础技术的创新与发展，产业结构也经历了三次非常大的升级改造。

19 世纪末期，随着通信技术的发展，在美国的带领下，全球进入电气化时代。很多著名企业都诞生在那个时期，比如通用电气、IBM（国际商业机器公司），还有此前很著名的电信技术公司美国电话电报公司（AT&T）。

进入 20 世纪，在信息技术革命的基础之上，产业结构进行了第二次升级，出现了英特尔等著名企业。

到 21 世纪初，随着基础技术由信息技术向数字技术迭代，又有一些明星企业诞生，比如谷歌、特斯拉等。当然，还有一家在信息技术时代就已经成为明星企业的——微软。

这是百年来基础技术的发明和创造所带来的产业结构的升级变化。在产业结构跃升的过程中，企业经历了一个怎样的发展过程呢？

在前面三个阶段里，可以选出四家具有代表性的企业。

第一家是通用电气。它的市值已经从最辉煌时候的 6 000 多亿美元降到了现在的几百亿美元。仔细看就会发现，该公司在 20 世纪 70 年代，由于核心基础业务一直未能成功升级，所以始终停留在电气化时代。迫于华尔街的压力，杰克·韦尔奇接任通用电气公司的首席执行官后，采用了 6 Sigma 等精细化管理手段来榨取边际效率，并走上了产业金融的道路。在杰克·韦尔奇离开首席执行官这个岗位时，通用电气公司一半以上的利润来自金融业务，而不是原来的核心产业。2008 年的金融危机，彻底地暴露了该公司基础结构上的问题——该公司并没有将核心基础业务成功升级为信息技术。这是通用电气公司经营出现困局的核心问题。

第二家是 IBM。《谁说大象不能跳舞》这本书描述的就是 IBM 作为一个在 19 世纪就诞生的企业，如何在 20 世纪 70—80 年代成功从以电气化为技术基础的核心业务，升级到以信息化为基础业务。这头“大象”学会了跳舞，意味着它的升级成功了。在信息化时代，IBM 非常成功地延续了它的辉煌。

第三家是微软。微软是典型的信息技术时代的明星企业。进入 21 世纪之后，微软也出现了经营上的困局。对数字技术和新时代非常了解的微软新任管理层，成功带领企业走向了辉煌，顺利升级到了数字化时代。微软的市值也从最低点的 3 000 亿美元，变成现在的 1.3 万亿美元。

而 IBM 在过去的十多年时间内，企业经营没有太多亮点，业绩也非常不好，市值有很大的跌幅。2019 年 IBM 花了很大代价收购了一家开源软件公司。这或许意味着 IBM 也下定决心，开始了在数字化时代的转型。

在数字化时代，大部分公司都倾向于通过云计算和 API（应用程序接口）等方式提供算法服务。很难想象，有公司会将人工智能的算法包装成硬件来销售——这就是 IBM 通过 Watson 超级计算机所做的事情。很明显，用硬件的方式来销售自己的算法能力，这是信息时代遗留的产物。数字时代，企业迫切需要的是云服务。再好的算法能力，也不应该通过摆放在机房的机器来提供，而是通过云计算或 API 等方式来提供服务。IBM 把信息时代遗留的产物带到了数字化时代，这也许是它近 10 年经营不善的根本原因。

第四家是特斯拉。特斯拉是数字化时代诞生的新生企业，就如同信息技术时代诞生的微软一样。截至 2020 年 7 月 4 日，特斯拉的市值已经超过了 2 000 亿美元，远比五六家传统汽车企业总市值之和还要多。

根据过去 100 年基础技术、产业结构、商业机构的变迁，可以初步得出一个结论：**任何技术、任何产业、任何企业的变化，都必须牢牢盯紧基础技术的变迁和迭代发展，必须在基础技术的基础上，升级和迭代产业、商业、产品。**

区块链与金融科技革命

人类向信息社会的进化，开始于 20 世纪后期。虽然学术界没能定义信息社会开始的准确日期，但时至今日应该也有 40 年的历史了。当今金融行业的结构、技术和商业模式，已在悄悄地发生变化。

目前所看到的金融服务业，都是基于工业社会的基础技术架构，它依靠流程化、控制论、标准化、层级制来运营，高度依赖物理空间来提供服务。工业社会的基础架构决定了其中的金融业的基本架构。马云在 2016 年乌镇世界互联网大会上的演讲中说道：以前的工业时代将非标准的变成标准的，现在需要把一切标准的变成非标准的，变成个性化。马云所说的现在，其实就是正在到来的信息社会，而标准化与否，也正是工业社会与信息社会的一个显著差别。

信息社会的来临、数字化迁徙的完成、虚拟空间的实现和经济结构的数字化，一定程度上将改变金融的本质属性。在工业社会，看到的更多是金融的时间价值维度；而在信息社会，金融将被赋予一种新的价值维度——空间价值维度。金融科技的意义并不在于对传统金融的优化（即“从 1 到 N”），而是在于生长出目前还没有能力想象到的新金融（即“从 0 到 1”）。这个全新的金融世界，有四个特点。

第一，在线与在场成为金融的空间属性。基于移动互联网，人类实现了“在线”；基于虚拟现实技术，人类将实现“在场”。从在线到在场，拓展的是人类社会的空间范围，不仅仅是物理空间意义上的无远弗届，更是联通了物理世界与数字世界。

第二，分布式、点对点、端到端的结构将成为新趋势。信息社会的基础架构是分布式系统，其核心结构就是点对点的对等网络。在信息社会时代，工业社会的金字塔结构变成了网状结构，而且在这个结构里，各个节点都是平等的、直接联系的。在工业社会中处处可见的中心化控制将被弱化，而中介会逐渐消失。现在风行的共享经济商业模式，就是典型的分布式结构的案例。

第三，随时随地、随身随需的金融服务将成为现实。随着金融场景革命的深化，传统金融机构在物理空间上的限制将会被打破。像虚拟现实眼镜那样的工具，完全可以把物理意义上的银行营业场所虚拟化，使任何人在任何时间、任何地方都可以享受银行服务。在区块链技术的帮助下，银行的信息系统和账户体系都可以（而且也应该）向客户完全开放，甚至与客户共享账本、共用一套系统，安全保障还能大大提高。在未来，银行不仅不应该再有柜台，甚至都不应该再有服务场所，一切的金融服务都可以融于场景当中。目前流行的二维码移动支付，其实已经是相当于把金融网点印在商品上了。

第四，普惠金融和人人金融将造福人类。区块链技术有可能在目前的金融体系之外，通过手机里的数字钱包等应用，以极低的成本为全球范围内的贫困人口提供他们渴求已久的金融服务。

信任是世界上任何价值物转移、交易、存储和支付的基础。

只有建立信任，人类才能处理越来越多的价值转移和交换的需求；否则，人类将无法完成任何的价值交换。最初人们靠血缘和宗族来建立信任，接着靠宗教和道德来建立信任，后来靠法律和组织来建立信任。随着人类社会越来越数字化，旨在消除信息不对称的“信息互联网”，以及旨在降低价值交换成本的“价值互联网”进一步加深了对人类社会的影响。基于区块链技术，通过数学算法来建立交易双方的信任关系，使弱关系可以依靠算法建立强连接，这让以前几乎不可能完成的价值交换活动成为现实，从而实现了人类社会有史以来在价值交换领域的一个重大进步。

区块链有可能对金融交易活动（尤其是支付清算体系）带来六个方面的影响。

第一，区块链将会促使整个金融体系最基础的技术结构从电信通信技术向信息和通信技术迁移。美国央行也在进行这方面的研究，希望在 IP 网络技术上重建金融体系的基础设施，即重建它们的核心生产系统。未来，整个金融体系的技术架构都可能会建立在分布式网络上，从而在脱离中心节点控制的情况下，实现由所有节点对等地共享所有的信息、数据。这样的迁移已经在进行了，与此同时，区块链技术可能会帮助加速、完善这一迁移进程。

第二，区块链对账户管理体系带来了颠覆性的影响。在区块链上可以没有现有的账户体系，只需要一对公私钥就能控制身份、账户里的资产所有权，并且不用第三方管理。这必将对未来的账户管理体系带来很大的冲击。

第三，区块链是分布式账本。记账方法的改变必然带来支付清算模式的巨变。在区块链上，金融交易的登记、交易、支付、结算、清算是一步完成的。

第四，区块链可能会导致支付清算系统所基于的数据库结构发生很大的变化。数据库技术模式有三个发展阶段，最早是用于处理结构化数据的关系型数据库，随着非结构化数据越来越多，又出现了非关系型数据库。在区块链上，数据库进入了一个具有更高安全性、容错性、健壮性的时代，可以被称为分布式账本数据库：

（1）非常稳健，部分节点崩溃不影响系统的正常运行；

（2）开放的，（在公有链上）录入数据时无须特定机构的事前许可；

（3）具有可验证性，确保录入的数据是被多方认可的；

（4）具有安全性，通过一系列的加密算法来确保账户的隐私和安全。

第五，可以把区块链想象成一台“全球计算机”，人们可以在区块链上对所有的金融工具、金融产品、货币等金融交易进行编程，使它能够在区块链上自动地完成，从而实现支付清算的自动化。支付清算的自动化体现在两个方面：一是通过区块链上编制的智能合约来去除中介环节，二是通过金融机构之间的结算币来作为可编程的结算工具。

第六，区块链上实现的数字钱包可以极大地降低跨境支付和交易的成本。

区块链如何带动升级产业结构

从平台的角度来看商业，可以归纳为三种模式。

第一种是工业革命下的典型模式，或者说是电气化时代最典型的模式，即**单边平台**。生产一个产品，通过单向的销售渠道来面向用户，希望尽可能标准化，尽可能将同一个产品卖给更多用户。单边平台时期追求的是规模效应。

第二种是**双边平台**。它是信息时代的产物。优步和滴滴出行这类网约车平台，就是最典型的双边平台。双边平台能给商业带来网络效应。

第三种是**多边平台**。进入数字时代，在一系列数字技术的加持下，商业从“双边平台”走向“多边平台”。参与者非常广泛，他们相互之间可能没有任何关系，但大家可以像建造一个生态体系那样共同参与其中。

商业在多边平台的助力下最终会形成一个完整的生态系统。因此，从规模效应叠加到网络效应，最后叠加成为生态效应。真正的生态效应才是能够生生不息、延绵不绝的，才是最富有生命力的商业业态。区块链就是让各利益相关方能够非常平滑、非常低成本地达成合作，从而创造出生态效应的一个重组或者重构生产关系的工具。这才是区块链应用当中价值最大的地方。

可见，区块链是数字经济的核心基础技术。怎样使用区块链来升级产业结构，或者迭代商业模式？有两条道路。

第一条道路是重构或者创新。这里有两个非常典型的代表。一个是特斯拉，它重构了汽车。它用一整套的数字化技术把工业革命最典型、最辉煌的成果——汽车行业彻底地重构了。汽车一直存在，但制造汽车的方式已经发生了改变。传统的汽车有 3 万多个零部件，而电动汽车只需要 3 000 多个零部件。电动汽车的物理构造看起来很简单，最有价值的是软件，比如它的自动驾驶系统。这是一个很典型的重构传统行业的案例。工业革命、工业经济当中很多伟大的成果都需要重构。另外一个是以太坊。它完全是一种创新，它发挥出了区块链作为数字化技术的最大价值。

第二条道路是延续或者改良。延续旧的产业，或者对旧的产业、旧的结构进行改良。这种改良也有很多案例。比如用区块链做存证、做溯源，这是对传统产业进行边际效应上的改进、改良，不过，它不是一场革命。也有人用区块链来做供应链管理，它也是一种改良。虽然对传统事物进行改良会提高边际效果，但是它不会带来颠覆式的、价值爆炸式的增长。

由此可见，区块链作为一个基础技术，要真正地走向应用，

发挥出应用方面的最大价值，必须来一场各种技术的集成创新。

使用区块链进行存证、进行追溯，基本上使用的是区块链内部的分布式数据库；如果再加上构建一个更加去中心化的商业组织，那么就使用到了对等网络；如果在这个商业业务中使用了去中介的可编程性，那么就用到了智能合约；如果在商业流程中涉及数据隐私计算，那么就会集成一些密码学的技术。此外，如果在创新的商业当中还使用了经济模型和激励模型，那就会涉及数字货币和其他很多技术。

区块链是数字经济里非常核心的基础技术。如果要将它的价值发挥到最大化，就需要集成创新，而不是只盯着它的某一个特点来做事情。

除了在区块链技术领域里做集成创新，真正构建新的数字经济、新的商业模式，还需要把很多其他的数字化技术集成在一起。只有众多新技术的集成，才可能在创新的数字经济领域得到更多新的、有价值的商业模式。比如，互联网和物联网能够以极低的成本收集到海量数据，数据多了就产生了价值；云计算可以让你很方便、低成本地存储、计算这些海量数据；数据如果是产生在区块链上的，不需要第三方的信任机构就可以低成本地去信任这些海量数据；密码学、隐私计算等算法，可以很好地保护这些隐私数据；然后运用人工智能，集合各种各样的应用算法，分析和使用这些数据。数字经济就是在这些数字技术的集成创新中诞生的。

最后，回归主题——区块链应用的最大价值在哪里？不在存证，不在供应链金融，而在重组或者创新生产关系，这就需要集合智能合约、隐私计算、人工智能等技术。

第二章
区块链与数字经济

20 世纪 90 年代，互联网技术走向个人的时候，美国的媒体尝试向民众解释互联网的作用，将其描述为一个“信息机器”。2015 年英国《经济学人》杂志将区块链称为“信任机器”。然而，基于互联网技术生长出来的区块链技术，将在未来的数字经济中扮演什么样的角色？这就是本章节尝试回答的问题。

数字化进程的加速

互联网这个“信息机器”将人类社会带入了一场数字化的进程，这被形容为“人类社会第二次大航海时代的来临”。在第一次大航海时代，人类社会发现了美洲大陆，扩大了自己的物理空间。正在来临的“人类社会第二次大航海时代”，拓展的是人类社会的数字空间，它的意义可能比第一次大航海时代还要伟大。

数字经济有四个特点：第一，孪生世界。在现实世界之外，数字经济在数字世界里构建了一个平行世界。第二，在这个数字化的世界，不再与工业经济一样，由石油、机械驱动经济的发展，“数据”所发挥的驱动力是数字经济最大的一个特点。第三，在这个虚拟世界里，金融化的表现形式完全不同了，因为我们把数据进行了资产化。不管在工业经济时代还是在农业经济时代，金融服务都是不可或缺的，缺少金融的润滑，经济就无法顺畅运转。数字经济时代的金融，其中核心的一点是要将数据资产化，并在这个基础上建立服务数字经济的金融服务体系。第四，数字经济一定是智能经济，当积累了大量的数据以后，完全有可能训练机器来代替人，让机器更智能化地运行。

在“人类社会第二次大航海时代”中，有四大技术是必不可少的——互联网、物联网、人工智能和区块链。

以前，由于缺乏低成本、高效的数据收集手段，数据的商业价值是很难被发挥出来的。随着技术手段的改善，互联网和物联网解决了收集海量数据所涉及的成本和效率问题，量变逐渐引起质变，极大地拓宽了数据的用途。现在主流的互联网公司的核心商业逻辑就是收集用户在互联网上的行为数据，通过人工智能和云计算等技术来低成本地使用、分析这些海量数据，对用户进行精准画像并精准匹配服务。因此，这些数据能够成为新经济的驱动因素，也就是说，能够成为新经济的“石油”。同时，人工智能技术在近几年出现了一次大爆发，这是由于数据样本足够大以后，需要通过算法来低成本、高效地分析处理大量数据。

那么，区块链带来的是什么呢？过去 10 年，区块链技术不断地发展，它具备数据一旦上链就难以篡改、难以撤销的特点，极大地增强了数据的可信性。区块链这个“信任机器”通过降低信任成本促进数据商业价值的发掘，它与其他的数字化工具和技术相结合，逐渐改变着整个经济形态。

从商业和经济的角度看，当特定领域的成本大幅度下降以后，商业模式和经济模式都会被改变。以前很多做不了的事情，归根结底是成本的问题。互联网、物联网、人工智能、区块链的出现，帮助我们大幅降低了数据的收集、处理、信任的成本，从而使数字化的进程突然被加速。

不同阶段，数字化进程的驱动力不同

在消费互联网阶段，数字化生存的最主要状态就是“流量”，必须把用户吸引到互联网上来，才有可能在互联网上促成各种商业并搭建基于互联网的经济体。然而，我们发现从消费互联网走向产业互联网的过程中，流量已经不再是一个最重要的因素，数据才是。等到物联网成熟以后，随着联网设备的大量增加，数据的作用将变得越来越大。因此从在线的角度来说，人的在线和设备的在线，促成了从“流量”到“数据”的重心转化。

如果从商业的角度去看这种“在线”的状况，外卖、网约车、今日头条、社交等应用都是同一种基础的商业模式——收集用户数据并精准分析和画像。数据驱动下的数字化商业模式极大地降低了商业的扩张成本。在这方面，有两个很好的案例。

第一个，旅行网站“去哪儿”的创始人庄辰超卖掉“去哪儿”后做了一个新的创业项目——便利蜂，在全国以很快的速度开了 1 000 多家便利店。按照传统的认知，担任便利店的店长需要很多经验，不可能一年内培养 1 000 个店长，那么便利蜂是如何在这样短的时间内开出这么多便利店的呢？答案是，便利蜂把店长所需的经验全部数字化了，在后台用数字化的大脑进行指挥。店长只需要经过简单的培训，与后台自动下达的指令相配合，就能履行店长的职责。例如，后台会告知店长每天应该蒸的包子的数量，并寻求食物新鲜度和顾客等待时间之间的平衡。

第二个，有一些“互联网 + 实体店”模式的咖啡连锁店用一套数字化的系统支持大规模开店。系统会促成每一笔订单均在两分钟内执行完毕。

数字经济的特点和经济数字化的程度决定了商业模式受到的冲击力度。这就带来了一个巨大的变化。在工业经济时代，企业需要规模效应来降低成本，从而赚取最大的收益，这是加法效应。在互联网时代，互联网公司追求的是网络效应。在网络效应之上，区块链再上了一个新的台阶——生态效应。在去中心化的系统下，任何人都可以加入网络，不需要得到许可，商业边界是无边无际的。

其实自古以来，商业项目并不都以有限责任公司或者股份公司来实现。截至今天，全球前十大保险公司至少有五家还是以互助保险的方式来经营的。此外，领航基金（全球前十大基金公司之一）是以合作社形式运作的，它管理着 4.6 万亿美元。因为它不存在股东，也不需要为股东盈利负责，所以基金管理费只需要收取满足公司运营的规模，历来以管理费极其低廉著称。

在区块链的世界中，很多区块链应用项目都不会以公司这种组织形态出现，而会以互助社、协会、非营利基金会、联盟等方式出现。比如脸书发起的天秤币（Libra）项目就放弃了中心化的控制方式，其项目白皮书里称将来会有 100 个会员，每个会员（包括脸书在内）都只有一票的投票权。

数字经济时代的产权发生了很大变化

在数字经济时代，产权的特点发生了很大的变化。那么，如何为数字经济提供一个适合其特点的新型金融服务体系呢？

第一，数字经济的产权当中价值成分发生了变化。当一个经济体足够数字化的时候，我们就可以智能化地进行经济决策，而这种智能化、分布式、点对点的经济决策，会使整个经济体更接近市场。在这种情况下，企业、企业制度和企业这种组织形式的重要性在逐渐下降，而市场的重要性在逐渐上升。这样，企业所有权的重要性也在下降，而使用权的重要性在上升。

第二，数字经济的产权非常容易复制、传播，而且不容易确权。现在，在互联网上的数据传播速度非常快，而确认这个数据的产权却非常困难。

第三，数字经济的产权具有越分享价值越大的特点，这与物理产权不一样。例如一杯水被一个人喝了，另一个人就不可能再喝。但如果是天气预报信息，由一个人独享的价值并不大，反而是越多人知道价值越大，而且这会使每个人的价值和社会的整体福利得到提升，不会有人因此蒙受损失。

第四，数字经济产权的边际成本趋近于零。这就是为什么我们在为数字经济提供金融服务时，需要有一套技术来确保这些数据的产权能够得到妥善保护，同时不影响这些数据的广泛分享。

为什么大家现在会对数据隐私保护这么重视呢？这是人工智能带来的。2016 年之前，很少有人在意自己的数据如何暴露在互联网上并被别人收集和使用。随着人工智能技术的成熟，人们发现收集数据的机构可以拿着这些数据做很多事情，赚取巨额的商业利益。既然有价值，那用户的数据为什么一定要交给这些机构？在整个过程中是否又得到了用户的许可？有没有将收益分享给用户？虽然这些问题因人工智能而起，但人工智能却难以解决。区块链和密码学算法为隐私保护提供了一个很好的解决方案。结合零知识证明、同态加密、安全多方计算、可验证计算等密码学算法，区块链能够为数据主权提供保障，帮助数据的确权，将数据变成资产，并防止数据被滥用。很多区块链技术论坛已经开始频繁讨论数据隐私保护的话题了，这是一个新的趋势。可以预计，将会有越来越多的创业者和密码学家加入区块链行业，投入更多资源来研究目前还不够成熟的加密算法。虽然这些算法都是 20 年前提出来的，但在新需求的驱动下，需要在基础理论和工程学上对这些算法加以研究，寻找新的突破点。

区块链是数字经济的基础设施

区块链有望成为数字经济的基础设施之一，全方位驱动数字经济的深度发展。

第一，区块链是技术基础。区块链的分布式网络确保了系统的稳健性和安全性；共识算法确保了参与者的广泛性和治理的公平性；智能合约确保了既定承诺的自动执行。

第二，区块链提供了数据资产化的手段。区块链是一种分布式账本技术，它的记账方法不同于现代会计记账方法。分布式账本为我们建立了一个新的账户体系，我们称其为“数字账户”。数字账户体系里可以方便地记录各种数据资产，其中有新的数字记账单位——Token。基于这些新的记账方法、账户体系和记账单位，我们可以很方便地把数据进行资产化。而基于这些资产化的数据，我们可以建立一套真正适用于数字经济的新型金融服务，这将与传统的金融服务完全不同。

第三，区块链能实现分布式商业。在有了确权、资产化、金融服务和金融交易等要素后，结合博弈规则和经济学机制设计理论的帮助，就可以构建一整套分布式商业规则。这些商业规则都会变成算法、代码，然后在网上由机器来取代中介。我们把它叫作分布式商业，或去中介的自组织商业。

第四，区块链提供了隐私保护手段。区块链诞生在密码学基础之上，是基于非对称加密算法来构建的。此外，很多密码学的成果被用到区块链上，为区块链提供数据隐私保护和协同计算。

区块链：未来经济模式的支撑力

蚂蚁金服通过支付宝为我们创建了新的账户——互联网账户。之所以创建互联网账户，是因为银行账户不可能在互联网商业场景中提供实时和低成本的交易、交收、支付、清算服务。因此，我们看到银行想推动的 NFC（近场通信）支付技术败给了扫码支付技术。NFC 对硬件功能的要求太高，而二维码支付则更为简单。比如有人想给路边的小贩付 5 元钱，通过扫码支付的方式给他明显比刷卡支付更方便。

所有互联网商业模式都是从最基层重构商业。有人对互联网的发展表达了失望，说互联网越来越中心化。其实从信息网络这个角度来说，它仍然是去中心化、分布式的。区块链是什么呢？区块链是去中心化的价值网络，当去中心化的信息网络与去中心化的价值网络融合后，商业一定会被完全、彻底重构。以往，互联网仅仅是重构了商业的一部分。如今，区块链带来的是金融的重构，为数字经济提供一整套可信的新型金融服务体系，会催生新的金融市场、金融机构和金融服务方式。

在区块链行业的参与者眼里看，世界是“分布式的”。互联网、物联网、人工智能、大数据、云计算、区块链，这一系列数字化技术的组合，带来了一个新的数字化世界。工业世界里的物理学或者机械论的思维方法，已经不能帮助我们很好地关注和了解数字化世界了，我们需要转变认知论、认知方法，学会用“生物学思维”或者“生物学方法论”这类解构复杂系统的方式来看待数字化世界。

在谈到区块链商业应用的时候，我们一定要明白区块链到底有什么样的特点。

第一，从治理架构上来说，区块链的特点跟凯文·凯利描绘的复杂系统的特点是一致的。它足够数字化，完全脱离了物理空间的束缚，因此它是跨时空、跨组织的，在其中数据没有约束，也没有组织架构可以约束它的流动。

第二，从经济商业上来看，它是分布式、去中心、去组织的。这里的去中心是指经济商业的去中心。

现在的一些商业潮流和经济学潮流，都主张从“股东资本主义”转向“利益相关者资本主义”，主张所有经济体的利益相关方都应该得到正向激励，这也是经济学里的“激励相容”和“帕累托最优”问题。区块链的世界里可以没有股东、管理层和员工，是利益相关方达成协作最好的解决方案。当然区块链的未来商业应用中，并不是只有去中心化。中心化和去中心化的理念会相互结合，发挥最大效用。

支撑上述模式变革的是技术的变革。以技术发展进程来看，区块链可分成区块链 1.0、区块链 2.0 和区块链 3.0 三个阶段。

区块链 1.0 就是数字货币应用，其中最典型的代表就是 2009 年 1 月上线的比特币区块链。区块链 1.0 最主要的核心贡献就是建立了一套基于密码学的账本和全新的记账方法，这与我们以前所熟悉的复式记账方法不一样。然而它存在一个缺陷，就是很难支持新型应用的开发。

区块链 2.0 就是支持智能合约的区块链。2015 年 7 月，以太坊这个公有区块链正式上线。智能合约技术就是区块链 1.0 与区块链 2.0 最主要的差别。通过智能合约，人们可以方便地在区块链上进行其他应用的开发。以太坊区块链希望构建全球性的大规模协作网络，来实现所谓“世界计算机”的愿景，智能合约将在其中起到最关键的作用。然而需要注意的是，智能合约不是法律意义上的合同，后者需要现实世界当中的法律体系来维系，而前者是一个约定了具体条款的计算机程序，通过算法由多方确保条款的执行。不过，区块链 2.0 仍存在性能上的缺陷，难以支持大规模的商业应用开发。与支付宝在“双十一”时 26.5 万笔交易 / 秒的性能相比，像以太坊这样的区块链系统只能做到几百笔交易 / 秒的水平。交易需由多个参与方确认，是影响区块链性能的主要原因。

区块链 3.0 是区块链进入交易性能大幅提升的阶段。当然了，区块链 3.0 技术即便大幅提升了交易处理性能，它依旧无法与传统的中心化系统相比。不过，大多数的应用并不一定需要每秒处理几十万笔交易的水平。像 VISA（维萨）这样可以在全球的 VISA 特约商户进行消费的信用卡，交易处理性能也只有 2 000 笔交易 / 秒，而支付宝也只是在“双十一”这一天会有 26.5 万笔交易 / 秒的业务量。区块链 3.0 技术，能够提升区块链的性能、易用性、可操作性、扩展性，涉及新的侧链、子链、跨链、分层、分片、分区等技术。这些新技术的上线，是区块链大规模商业应用的前提。如果现有的区块链技术在这些方面不能有很大的提升，那么大规模的商业应用也就无法持续。从技术角度看，2019 年以后区块链大规模的商业应用已经可以期待。

有人说，目前的区块链是 1995 年的互联网所处的阶段。不过，我们未必要等 15 年才能等来区块链技术的成熟。因为区块链技术的发展不依赖于摩尔定律和硬件技术的改进，所以它的发展速度一定会比互联网更快。然而，只有技术的成熟并不够，还要在区块链上真正实现大量的去中心化应用（DApp），同时必须做好一方面的准备：那就是迎接真正可用来做支付工具、交换媒介、价值尺度、价值存储的数字货币。尽管人们都认为比特币是支付系统，但比特币并不能满足我们对支付的需求，因为它的币值波动太大。例如，一个商场卖一瓶水，接受比特币支付，第二天早上起来，却发现跌去了 20% 的价值，因此它不可能被接受。在日本明确比特币可以作为支付工具之后，一些日本商家宣布自己接受比特币支付。后来却发现，它给公司资产负债表的稳定性造成了很大麻烦。不管是涨还是跌，资产负债表都不稳定。这不仅影响了经济收益，也影响了企业信用评估以及银行对公司提供的服务。在这方面，"稳定数字货币"的技术在近期以及未来会迅猛发展。有新闻提到纽约州的金融管理部门批准了州内两家企业发行以美元作为抵押的稳定数字货币。如果一个国家的央行能够发行法定的数字货币，那么数字货币作为支付工具、交换媒介、价值尺度、价值存储的功能就会得到圆满解决。

此外，法律法规的建设和监管体系的建设也是必要的，区块链上的数字经济活动必须在合规的情况下开展。在这方面，不可能完全去中心化。

分布式经济的出现

随着区块链技术的日渐成熟，分布式经济（Decentralized

Economy，简称 DeCo）也开始崭露头角。DeCo 脱胎于市场经济概念，是市场经济的一种形态。因此它的两个核心机制也与市场经济类似：一是价格机制，通过价格汇聚信息并在经济资源配置中发挥杠杆作用；二是经济激励，通过激励调节参与者的行为。DeCo 以区块链为基础设施，通过去中心化的社区自治实现公共事务的管理。DeCo 的发展过程可分为四个阶段：

第一个阶段是 DeCo 1.0，即基于公链内部的经济活动。围绕分布式账本，利益相关方会共同维护网络的共识机制，通过“通胀税”和手续费提供激励。公链内经济活动比较单一，核心问题是如何以去中心化的方式激励区块节点，让它们维护好分布式账本。它使用的经济工具主要有两个：一是区块奖励，二是交易手续费。DeCo 1.0 阶段的另一个重要方向是将加密货币用于公链外支付。目前这个方向还算不上成功。实事求是地说，主流人群很难将价格高度波动的加密货币作为支付工具。我们生活在一个由法定货币定义的世界，其中的资产、负债和收入都用法定货币计价，而货币有很强的网络效应。因此，在现实世界的支付中留给价格高度波动的加密货币的空间非常小。

第二个阶段是 DeCo 2.0，基于公链，围绕区块链应用引入智能合约。这个阶段用智能合约来作为去中心化的自治组织框架，探索分布式自治机制，并做基于区块链的商业化应用。这个阶段出现了分布式自治组织（DAO）的概念，表现为用区块链对接广阔经济场景的尝试。比如，用区块链做计算能力、存储空间、贷款以及文件和数据共享等应用。这方面的尝试有很多，但鲜有成功案例。原因何在？除了性能问题及推广问题，经济机制设计方面的原因更为重要，这集中体现为 Token 的经济内涵和“价值捕获机制”并没有设计清楚。在这方面的实践中，Token 经常“混搭”多种功能，比如既有证券属性也有支付属性。这样，Token 价值很难稳定，经济模型有内在不稳定性，而其价值的高波动限制了其作为支付工具和激励手段的有效性。因为 Token 的经济内涵不清楚，让监管部门很难理解，容易产生监管合规问题。

第三个阶段是 DeCo 3.0，就是最近兴起的“DeFi”（去中心化金融）。在 DeCo 3.0 时代，数字合约、数字货币、数字资产非常巧妙地集中在一起，到这个阶段才真正体现出区块链作为去中心化的价值网络的重要性。这时，整个数字货币的体系有所完善，出现了稳定币等形态。稳定币被用于区块链经济活动中的支付、交易媒介，改善了数字货币价格波动性的问题。稳定币显示了区块链作为金融基础设施的功能——交易结算一体化，以及清算自动化、智能化。我们观察到，基于法定货币储备发行的稳定币、天秤币项目和法定数字货币在经济机制设计上没有本质区别。它们都是基于法定货币储备 1∶1 抵押对外发行某种 Token，并且通过相对中心化的方式保证 Token 与法定货币之间的双向兑换。在使用场景上，目前稳定币主要用于加密货币交易所，天秤币项目和法定数字货币目标是一般的经济场景。去中心化金融显示了数字货币的可编程性在金融上的价值，是理解法定数字货币应用的关键点之一。不过，完全的去中心化往往会带来一定的局限性。

第四个阶段是即将进入的 DeCo 4.0，即分布式经济生态。第一，真正去中心化的信任网络将连接各种各样的经济场景，建立一个去中心化的信任关系。第二，以社区或者联盟的方式作为组织形式，比如像脸书那样联合其他企业成立一个协会，每个机构只有 1% 的表决权利。第三，出现了新的经济学话题——“不再以股东利益作为经济组织的经营目标”。DeCo 4.0 不是对 DeCo 1.0 至 DeCo 3.0 的颠覆，而是“包容性升级”。DeCo 4.0 离不开区块链技术，然而，其经济机制设计、监管合规和商业拓展的重要性却更为突出。DeCo 4.0 会吸收 DeCo 1.0 至 DeCo 3.0 的成功做法，回避已被证明失败或不现实的做法。它有两大目标：一是对接更广阔的经济场景；二是自我融资、自我组织、自我治理、自我持续。经济机制要有完善的顶层设计，关键是实现激励相容，让 Token 有明确的经济内涵和价值捕获机制。此外，经济机制设计应该兼容监管要求，满足证券、电子货币和储值工具等方面的监管体系。

区块链在数字经济应用中的两种路线

区块链在数字经济的应用有两种基本路线，一是基于公有链开展，二是基于联盟链或私有链开展。现在可以做一个观察性的判断：大多数主流的区块链技术都是在公有链上被创造和发展，最终走向成熟，并被联盟链和私有链吸收其中的部分成果。联盟链或私有链对于区块链技术并没有带来什么根本性的改变，而只是把公有链的某些元素（如数字货币或 Token 激励机制）去除，从而满足特定行业的应用要求。这两种路线没有好坏之分，主要是根据业务的需求来选择。

联盟链会带来传统行业边际效应的改善。大部分的国际金融组织（如国际货币基金组织和国际清算组织）在讨论区块链的时候，实际上讨论的是联盟链或者分布式账本技术。它们倾向于使用联盟链技术降低传统业务模式的成本，改善效率和用户体验，然而这只是边际效应的改善。

联盟链和公有链可以看成两种不同的治理模式。前者偏向中心化的信任机制，后者具备完全去中心化的信任机制。而在激励机制方面，联盟链的激励机制是依靠中心化的组织（或联盟）对参与者进行激励，而公有链则通过算法博弈论等元素使各参与方实现激励相容。

从目前来看，真正的“颠覆式”创新将会来自公有链，通过经济激励机制的支撑，公有链具有全球范围内的不可篡改、可追溯等特点，能够提供联盟链无法具备的特性。就与 2007 年的我们无法想象如今几亿人都在使用的微信一样，现在我们也难以想象公有链上可能生长出来的创新方向。

纵观互联网的发展历史，虽然在 20 世纪 90 年代才正式确定互联网的 TCP/IP 协议，但在 20 世纪 60—70 年代已经有很多先行者在做研究。区块链也一样，从 20 世纪 70 年代非对称加密算法的完善，到 20 世纪 90 年代的智能合约理论，再到密码学、共识算法、电子现金等理论，这个阶段叫作理论准备期。距离 2009 年 1 月 3 日第一个区块链系统上线，到今天已经十多年了。如果把 2019 年作为一个分界线，过去的 10 年是“从 0 到 1”的 10 年，是开创期；未来的 10 年是“从 1 到 N”的 10 年，是发展期。如今数字货币泡沫破灭，从币价大幅下跌到很多区块链公司估值大幅下降，有点类似 2000 年科技股泡沫破灭的时候。

如今开创期即将过去，意味着未来在法律框架越来越清晰之后，主流机构、主流工程师开始进入这个行业。开创者如果不能与时俱进，比如不愿意走合法合规的路线，可能就会被自己开创的潮流所抛弃。真正成功的互联网公司并不是由最早的技术极客开创的。区块链技术也一样，真正的社会化、产业化、商业化是从 2019 年开始的，未来拥有话语权的不一定是最初的创立者。

数字经济时代的到来

数字经济诞生在数字世界，依据数学算法来运行。数字经济不能等同于互联网经济，也不是“互联网 +”那么简单。就如中国科学院王飞跃研究员的观点：数字世界与物理世界是一种平行世界的关系，它是物理世界的映射，是一对孪生体。由此可见，数字经济与工业经济也是一种平行的映射关系，数字经济有自己独特的、与我们所熟悉的工业经济完全不同的新规则。

数字经济的运行规则是算法规则。其实无论是人工智能还是区块链，驱动它们的核心都是各种算法，而要让算法高效运行，就必须把它工程化为计算机代码。在一个以“代码”为通用语言的数字经济世界里，经济交易也代码化、自动化、智能化了。代码化的经济交易，需要代码化的记账方法，代码化的记账方法就需要代码化的账户体系，而代码化的账户体系也需要代码化的货币。

2009 年比特币区块链的诞生，恰逢其时地给我们送来了分布式账本，它就是数字经济呼唤的代码化的记账方法。分布式记账方法的基础是密码学账户体系，而密码学账户体系里的记账单位则只能是数字货币。无论是物理形态还是电子形态的货币，都不可能将它纳入密码学账户体系，更不可能将它写入智能合约并让它自动运行。

每当新技术出现时，一般会有两种思维：一种是只把它看成工具，拿来改善自己原有商业模式的边际效益；另一种是将它看成制度，来重构商业和底层逻辑。这种事情一直在发生。

互联网公司推广“互联网 +”的时候，传统商业的人说不应该是“互联网 +”，而应是“+ 互联网”（两种模式反映的是互联网在其中不同的重要性）。现在，“+ 互联网”的言论基本已经销声匿迹了。蚂蚁金服提出“金融科技”的时候，也有很多传统金融机构认为不应该说“金融科技”，而应说“科技金融”。然而现在全世界都在讲“金融科技”了。如果不把区块链当作一套制度，反而只把它当成工具来走“+ 区块链”这条路，就会犯多年前一些人犯过的错，就可能被时代和潮流所抛弃。

第三章

区块链与数字货币

数字货币与金融革命[①]

金融创新是一个经久不衰的热门话题，尤其在当今的中国。由威廉·戈兹曼、哥特·罗文霍斯特编著的讲述人类金融创新史的巨著《价值起源》开篇导论中写道：人类社会 4 000 年以来的“这个看似令人眼花缭乱的金融创新过程的基础只是一些简单的道理”。任何金融创新都不外乎围绕三个基本要素进行：一是价值的跨时期转移；二是就未来的偶然结果达成契约；三是能够简化价值交换的可转让性（投资者转让金融合约的权利）。而就价值可转让性而言，中国的宋朝在 1023 年率先发明的纸币“交子”，是全球价值可转让性金融创新的开山祖师。

以物理属性来分类，货币可分为实物货币、金属与贵金属货币、纸币、电子货币等，而以信用属性来分类，则可分为法定货币和私人货币。2009 年 1 月比特币区块链上线以来，这个

① 由刊发于《清华金融评论》2017 年 4 月刊的《数字货币的价值起源》和刊于《财经》杂志第 528 期的《法定数字货币猜想》改编而成。

世界上又出现了一种新型的货币——数字货币。从物理属性上来看，它与电子货币一样都是计算机系统里的一串串数字，然而数字货币的“数字”又与电子货币的“数字”不同，前者的重心是计算机代码构成的规则。从信用属性来看，数字货币就更别有洞天了。法定货币是主权政府做信用背书，私人货币是私人机构做信用背书（如腾讯在它的社区里发行的Q币，就是由腾讯公司来做信用背书），而比特币这样的数字货币却是由数学算法来做信用背书。

关于数字货币，目前业界还有加密货币和虚拟货币等叫法。称谓的不同，其中隐藏着不同的细节。第一，虚拟货币与电子货币更相近，它不一定记录在区块链或分布式账本上，也可以用中心化记账方法；而数字货币和加密货币一般专指记录在区块链或分布式账本上的货币。第二，数字货币和加密货币一般都采用密码学来提供隐私保护，具有匿名性，而虚拟货币则多采用中心化机构的安全保障机制，往往是非匿名的。第三，在信用背书的机制上，虚拟货币往往是依靠中心化机构来背书，数字货币往往用数学算法来背书，而加密货币既可以用数学算法来背书，也可以用中心化机构来背书。因此，从这一点判断，目前各家央行要发行的数字货币应该是更偏向于加密货币，虽然它运行于分布式账本上，但采用的是中心化机构——央行来做信用背书。统一数字货币的名称不是本书的目的，然而为了方便，本书依约定俗成的惯例，统一称为数字货币。

《价值起源》一书在论述宋朝发明纸币的原因时，首先提到了技术方面的因素，正是造纸术和印刷术的进步，才使纸币的发行具有了技术基础。与此同理，数字货币的发明首先也是因为分布式网络技术的成熟及密码学理论的发展。技术的成熟，使数字货币的发明水到渠成。2009 年 1 月比特币区块链的上线具有划时代的意义，它意味着人类社会起始于 20 世纪 90 年代的数字化迁徙完成了它的第一阶段。人类从农业社会走向工业社会，再从工业社会走向信息社会，数字化生存必然需要数字化的金融服务，而数字货币正是数字化金融服务的伟大尝试。

总体来看，纸币的价值起源是因为它极大地提升了金融的可转让性。数字货币的价值起源则是因为它准确、方便地表征和度量了数字化经济活动。

数字货币的迫切需求

法定数字货币的本质是“数字货币”，而不是“法定货币”。因为就现实世界而言，我们已经有了一个很好的法定货币体系，无须重起炉灶来构造另一个法定货币体系。现在的迫切需求是：正在喷薄而起的数字经济，需要一整套数字化的新金融体系，来服务它、促进它。

数字经济对金融服务有一些崭新需求，这是传统的金融体系无法有效提供的。

第一，在数字世界里，通用规则是数学算法，数字经济是算法驱动的经济，而要让算法有效运行，必须把算法编成计算机程序，也就是要把算法变成“代码”。数字经济里的通用语言是代码，法定货币不能代码化，数字货币才是数字经济的专属代码货币。

第二，在万物互联的数字世界里，经济交换活动从人与人的交换，逐渐向人与机器、机器与机器之间的交换发展，机器会有自己的账户、自己的货币，机器之间的交易必须点对点、自动化进行。

第三，数字经济活动是一个跨时空的经济活动现象，要求金融服务体系必须“7×24 小时”无休，为跨时空的数字经济活动提供无缝衔接的金融服务，它的记账时间单位要求已经到了“秒”，而传统金融体系的记账时间是“日”。

第四，数字经济摩擦系数几乎为零，遵循“零边际成本”的规则，在数字经济活动里，各种收取中介费用的媒介，已经没有生存的空间。

第五，数字世界相对于物理世界是一个平行空间，在数字世界里用人工的方式干预经济活动将成为不具有成本效益的浪费之举。我们很难再以人工决策的方式来应对虚拟的、快速的、多变的数字经济活动。

传统金融体系是遵循工业经济的结构、逻辑、需求而建立起来的，相对数字经济体来说，它是为过去而生的，不是为未来而生的。我们需要新的、专属于未来的新金融——数字金融。

数字经济需要数字金融，数字金融需要数字货币。数字货币是可编程货币，它带来了可编程金融，进而推动了可编程经济。

金融科技革命与数字货币

从机构的视角来看，金融科技的发展最初以互联网等科技企业作为主要的驱动力。从 2016 年开始，英国金融监管局和欧盟的监管机构推动了“开放银行”的监管政策。开放银行意味着银行要彻底互联网化，不再以产品为中心，而是以客户为中心。API 使银行输出自己的能力（如支付的能力、账户的能力等金融的能力），不再是以产品的形式呈现给客户，而是以 API 能力的形式输送给各种各样的应用场景。在这个阶段，持牌金融机构开始发挥主导力量。

现在，对金融基础设施的重构已悄然展开。摩根大通发布了自己的区块链技术，预示着 B 端（商业端）区块链应用的正式启航。全球主流的银行未来可能会用区块链技术重构金融体系之间的清算网络。脸书前不久公告，这家拥有 27 亿用户的互联网公司开始考虑在 C 端（客户端）用区块链技术重建支付网络。无论是 C 端的支付网络，还是 B 端的摩根大通清算网络，在未来都不会再是现在大家熟悉的银行支付清算系统。区块链将重构新一代的金融基础设施。

新一代的金融基础设施，有如下特点：基于分布式的账本系统，记账方法与传统的金融基础设施不同，账本和账户的模式也有了很大的差别；基于密码学的数字钱包，是一个新的账户体系，同时这个账户里所记录的资产类别也与传统的资产有了明显的变化，并且这些资产之间的交换、交易、汇兑，不再依靠中介机构，而是依靠算法、智能合约，通过智能合约来点对点地完成资产之间的交易交换和汇兑，这就是新一代的金融基础设施。

经济是技术的表达，一系列新的技术带来了经济增长，使经济发展的模式发生了巨大的变化。互联网使我们能够以低成本收集到海量的数据，人工智能使我们用非常低的成本处理和分析这些海量的数据。然而，如果这些数据不可信，那么算法再好结果也是不可靠的。区块链是用非常低成本的方式，用机器、算法保障了数据的不可撤销、不可篡改，实现高度的可追溯，用最低成本保障了数据的可靠性和可信度。三种技术叠加在一起，意味着我们可以低成本地处理、收集、存储数据，从而使经济增长的模式发生变化。

不仅经济增长的模式发生了变化，商业组织也开始发生巨大的变化，传统经济学理论认为企业这种经济组织可以实现比市场更低的交易成本，企业的边界在于成本，如果企业内部的交易成本等于或者高于市场的成本，那么企业是没有必要存在的。

交易成本主要分为三类。

第一类是信息成本。在市场上收集信息，需要付出成本。在这方面，互联网极大地降低了信息收集的成本，为很多个性化的需求提供了支持。

第二类是信任成本，互联网被称为“信息机器”，区块链被叫作“信任机器”，后者大幅降低了信任成本。

第三类是转移成本，在人工智能的智能匹配算法的帮助之下，达成交易的成本比之前低很多。在数字经济的增长模式下，企业的价值大幅度下降。

除交易成本理论外，经济学家科斯的另一个重大贡献是产权理论。如果企业具有很大的价值，当然要保护企业的产权，否则在利益得不到保障的情况下，人们也不会创办企业。然而，在数字经济下，产权的模式和性质发生了变化。

第一，身份信息和行为数据的所有权很难像股权那样卖掉。

第二，数据有很强的可复制性，知识产权保护的难度较大。

第三，数据与实物资产不一样。数据可以一个人使用，也可以分给一万个人使用。在互联网上，发送数据的边际成本是零。因为存在可复制性，数据在被发送出去后，还是会保留在发送者的本地端。

以上就是数字产权的新形态，如果没有区块链技术的帮助，数据就不大可能成为数字资产，也不具备可投资性。分布式账本系统保证了数据的不可撤销、不可篡改。用非对称加密算法构建数字账户，能够确保数据所有权不可复制，这是过去的互联网所做不到的。区块链上的共识算法能建立公平、对等、分散的决策机制和治理机制，而智能合约可以辅助建立去中介、自动化、点对点的交易机制。在区块链技术的帮助之下，数字产权变成了数字资产，具有了金融的属性，被份额化了，具有可投资性。

数字资产发展到今天，可以分为原生态的区块链资产和现实世界映射到区块链的资产。未来将有很多现实世界的资产会Token化，在区块链上进行交易。在数字资产中，稳定数字货币将作为数字空间的支付工具、交换媒介及价值储存手段。

从区块链技术的角度探讨数字货币的特性

关于数字货币的特性，以往的论述多从传统货币理论或传统金融体系的角度看待，而从极客社区及区块链技术的角度看的比较少。本书试图从极客社区及区块链技术的角度来探讨数字货币的特性，以多维视角来避免盲人摸象的认识误区。

第一，数字货币是匿名性货币。要探讨数字货币的本义，首先不能忘了数字货币产生的初心。这个初心从比特币白皮书的标题《比特币：一种点对点的电子现金系统》可了解一二，数字货币的第一个特性就是电子现金。首先，它具有现金的一切属性，其中最主要的属性就是匿名性；其次，它是电子形式的现金，不具有纸钞和硬币的物理结构，方便交易流通。我们熟悉的现金和中本聪设想的数字货币相比，在匿名性上是一致的。不同的是物理结构的现金完全不能被追踪，而区块链上的数字货币（电子现金）则是可以被追踪的，这对于央行及对合规性负有很高责任的金融机构来说，无疑具有极大的吸引力。因此可以说，匿名性是数字货币的第一要义。虽然人们可能会愿意为了便利性而在一定程度上牺牲隐私，但一定不希望其金融活动被那些无关的人（尤其是心怀恶意的人）随随便便就偷窥了。

第二，数字货币是可编程货币。区块链的四大元素是：共享账本、加密算法、智能合约和共识机制。数字货币运行于区块链或分布式账本系统上，它和运行于金融机构账户系统上的电子货币的显著区别是可编程性。电子货币在金融机构账户上表现为数据库字段中的数字，交易是账户之间数字的增减。而数字货币表现为分布式账本上的不同参与方之间共同验证的计算机代码，交易是账户或地址间的价值转移。通过智能合约，区块链能够自动执行双方或多方之间的约定，任何一方都难以反悔。可编程性让央行拥有了追踪货币流向的能力，从而有望建立之前不可能拥有的精准执行货币政策和精准预测市场流动性的机制。同时，可编程性也能让金融交易变得自动化，省去了金融机构庞大的中后台部门，甚至让很多金融交易可以实时清算。这无疑极大地提升了金融交易的效率，提高了资金周转速度，降低了运营成本。

第三，数字货币是密码学货币。数字货币的账户体系和交易验证机制等元素都高度依赖于各种密码学算法。目前互联网是完全公开透明的，我们享受互联网带来便利的同时，也把各种行为数据无偿提供给了中心化的互联网机构，而这些互联网机构却利用这些数据来从事营利性商业活动。此外，数字货币可以使用零知识证明、同态加密等密码学技术来实现交易的隐私保护。

第四，数字货币是算法货币。数字货币的发行机制依靠的是数学算法来建立自己的信用。而数学运算的结果是高一致性的，因此最容易取得全球的共识。数字货币的核心就是一套高可信度、高一致性、高透明度、规则严密、公平、公开、公正的数学算法。

第五，数字货币是自治货币。共识、共治、共享的自组织是区块链带来的崭新的商业架构和组织架构。通过观察比特币、以太坊等几个比较成功的数字货币的实践案例，我们发现基于区块链的计算机程序正在成为新型的货币发行主体。这些项目都是以社区自治的开源软件的方式在运行，既不被中心化机构拥有，也不设中心化服务器，甚至没有运维人员来管理。这种基于数学算法的背书方式，在原来的主权政府做信用背书的法定货币和私人机构做信用背书的私人货币之外，增加了一类全新的数字货币发行方法——以数字货币为表现形式的无主货币，即发行方只是数学算法模型，没有法律主体资格。

第六，数字货币的运行基础是分布式网络。分布式网络技术在某种程度上决定了数字货币的特性与效用。随着 5G 通信技术的部署，未来我们每个人的生活、学习、工作都难以离开分布式网络，它是区块链或分布式账本的技术基础，也决定了数字货币的运行效用。

各主要经济体的央行都高度重视区块链与数字货币技术，纷纷发表相关的技术或政策白皮书。中国的央行也成立了数字货币研究所，来研究在中国发行数字货币的可能性。那么，各国央行心里的数字货币与技术极客创造的数字货币是一样的吗？央行筹划的数字货币会具备前述的六大特质吗？我们目前不知道各国央行的完整态度，但透过只言片语，至少我们了解到，各国央行不会全盘接受技术极客与区块链社区对数字货币的设计思想。

第一个分歧来自到底采用什么技术来搭建数字货币运行的底层协议。各国央行更倾向于采用分布式账本技术而不是区块链技术，或更倾向于采用联盟链技术而不是公有链技术。联盟链与公有链的最大区别在于：联盟链的节点加入需要许可，而公有链不需要。第二个分歧来自全网节点是否要完全对等。公有链是一个无须许可的点对点对等网络，而央行希望成为拥有某些专属权力的特权节点，它可以运用这些专属权力，允许或禁止某些节点的加入，监督、追踪数字货币的流动。

央行应该发行什么样的数字货币，目前我们还没有看到完善的、可行的方案。我们认为，央行数字货币至少需要保留前述数字货币特性中的可编程性、加密性、匿名性三个特质，否则央行发行数字货币的价值和意义就将大打折扣，甚至有可能画虎不成反类犬，成为现行的电子货币的翻版，从而贬低数字货币的价值和意义。

小　结

那么，法定数字货币算是“区块链”阶段的事物还是“区块链+”阶段的事物呢？站在不同的角度，确实会对此产生不同的看法。一般的法定数字货币研究结论，都是从传统金融货币理论的角度来规划法定数字货币的，更多强调的是法定数字货币的“法币”的一面，这当然是无可挑剔的。法定数字货币的另一面是“数字货币”，我们几乎可以说，没有比特币的诞生，就没有后来的法定数字货币。法定数字货币的思想源泉和技术源泉来自区块链，来自比特币。

因此法定数字货币的目标不应该是“区块链+”，也就是说不应该是改造现有的货币体系和消灭现金法币。它的第一个目标就是作为法定货币与数字货币之间的桥梁，在数字经济中连接物理世界与数字世界，从而让工业经济与数字经济产生更深度的融合。

在这个框架下，建议央行发行法定数字货币的第一个目标就是：取代现在数字货币市场上由私人机构提供的、锚定美元发行的稳定数字货币，如由美元背书的稳定币 USDT 和在以太坊上点对点抵押以太币兑换的稳定数字货币（如 MakerDAO）。相比于私人发行的稳定数字货币，法定数字货币的信用等级显然有莫大的优势。中国人民银行如果发行法定数字货币，好处不只是取代私人稳定数字货币，因为基于区块链的数字货币有机会成为全球通货，可以为人民币国际化开辟一条崭新的途径。如果能在这个领域率先取得成果，将在未来全球法定数字货币的竞争中抢夺规则制定的主动权。

由天秤币项目引起的思考

2019 年 6 月 18 日，脸书公司发布了天秤币白皮书，宣告将成立天秤币协会并发行价格稳定的加密货币，旨在为全球范围内的用户提供支付和跨境汇款服务，实现普惠金融。因为脸书的社交网络用户已达 24 亿人之多，这样的举动自然备受关注。

货币视角

第一，信用背书方式。对天秤币项目是否属于货币这个问题，众说纷纭。从信用背书的角度来看，历史上有三种类型的货币。

（1）主权货币，即主权政府用自己的主权信用为货币背书。美元、人民币以及央行数字货币，都属于此类。

（2）跨主权货币，即基于多个主权货币发行的货币，天秤币项目就是其中一个例子。天秤币项目曾表示其货币发行活动背后的储备会是 4 个主权国家（政府 / 组织）的货币或短期投资工具。

（3）非主权信用背书货币，这类货币的历史是最悠久的。在古代最典型的例子是黄金，到了现代则有比特币、MakerDAO 等。

无论是天秤币项目、比特币项目还是 MakerDAO 项目，货币的形态和功能一直在发生变化。但从信用背书的角度来说，其实并没有超出以上三种类型的范围。

第二，数字货币的发行主体通常有三种。

（1）技术极客。比特币就是由技术极客创造出来的。任何创新，特别是颠覆性的创新大部分是由技术极客从无到有创造出来的。之后可能继续由其他机构进行优化和改进，使其适合现实世界和监管要求，从而逐渐得到推广。

（2）商业机构和私人机构。脸书的天秤币以及摩根大通发行的 JPM Coin（摩根币），都是由私人机构发行的。

（3）中央银行。中国人民银行已经明确了发行法定数字货币的路线图，欧洲一些国家也曾表示要拒绝天秤币项目，并自行发行基于欧元区的数字货币。

综上，发行数字货币最妥当的路线或许是由技术极客创造、由私人机构探索，最后由央行正规化发行。

第三，数字货币的使用。

现金具有绝对的法偿性，但银行存款没有。在美国，2008年之前的存款保险限额是10万美元，2008年金融风暴以后是25万美元。因此，像天秤币项目这样用100%的资产做抵押，只要管理得当，其实会更安全。如果准备金100%存在央行，那就更完美了。毕竟由第三方机构来管理始终会存在风险。

数字货币一定是和场景、特定需求、特定用途结合在一起的货币。

为什么会出现互联网支付，而不是银行提供服务？很简单，两个人做买卖，如果使用银行账户，可能需要3~4个步骤才能完成支付。而在互联网上，如果超过3个操作步骤并经历烦琐的付款、交易、支付流程，客户转化率就会从80%跌到2%。支付一定要和场景结合在一起，要随时随地随身随需地完成，才能真正开展基于互联网的电子商务。

同样，如果不能与掌握场景、流量及客户需求的商业机构一起合作，央行数字货币的推广也可能会遇到麻烦。

金融视角

天秤币项目宣称要构建新一代的金融基础设施。它基于区块链构建，旨在以新的记账方法、基于加密数字钱包的新账户体系、基于数字货币的新记账单位来变革现有金融体系。

天秤币项目是面向终端用户的，是面向全球建立的个人支付系统。与此相反，摩根大通的 JPM Coin 是面向商业的，旨在建立银行间的清算系统。为了方便理解天秤币项目的新颖之处，下面对个人支付系统的演变进行了划分。

第一代个人支付系统是纸币，它是支付体系的第一次巨大改革和创新。在纸币出现之前，个人进行支付是非常麻烦的，尤其是涉及跨区域支付时。如果要把银元从一个城市运到另一个城市，相关的运输和保护成本非常高。纸币出现之后，极大地提高了便利性。纸币的出现，其实与科学技术的发展密切相关。宋代的造纸术和印刷术已经足够成熟，正是由于技术的不断发展，满足了更低成本、更高效率的支付需求。

第二代个人支付系统是基于银行卡的电子支付系统。纸币很难大规模地开展跨国交易活动，银行卡的出现很好地解决了这个问题。支撑银行卡底层运作的电子支付系统的成熟，也得益于通信网络的发展。

第三代个人支付系统是基于互联网钱包的移动支付系统，如支付宝支付和微信支付等。互联网场景下，基于银行卡的电子支付服务已无法满足实时的点对点的支付需求，所以诞生了互联网支付。

第四代个人支付系统是基于区块链及密码学的数字货币支付系统，典型代表为天秤币项目。新一代数字金融体系需要区块链和数字货币，或者可以说，它是建立在区块链和数字货币等金融基础设施之上的。

可以看到，这四代支付系统中，除了第二代是直接使用银行账户和支付网络，其余的支付系统中都没有直接将银行的角色展现给用户。在新技术的推动下，银行并非失去了存在的意义，而是会隐藏在后端，通过 API 输出账户能力、支付能力或服务体系。这就是开放银行的概念。

商业视角

任何基于颠覆式技术的新应用历来都有两条路线。

路线一：把新技术看作一种工具，改善传统商业模式，得到边际效益上的提升。

路线二：把新技术当作一套制度，用来重构商业的底层逻辑。

几年前，当互联网公司谈“金融科技”时，很多传统金融业的人喜欢讲“科技金融”，科技是工具，用来改善现有的商业模式。而“金融科技”，则是要用互联网、数字化的技术重构金融的底层逻辑。

站在企业的角度怎么理解数字经济和天秤币项目？工业经济的驱动因素是化石燃料，数字经济的驱动因素是数据。数据天然具有穿透本能，它的流通是没有国境的，是跨时空、跨组织的。同时数据具有穿透能力，纵向可以穿透市场层级，把交易变成点对点，买家和卖家间不再需要中介，横向则可以缩短产业链。因为点对点的交易，催生了对无须担保的实时交易结算的需求。数字化技术的特点使数字金融去掉了中间环节，以点对点的支付清算和非担保的交易交收为核心特点，区块链和数字货币是满足这些需求的最好技术方案，能够让交易、清算和结算同步完成。

区块链技术的特点是足够数字化，是跨境、跨时空、跨组织的，同时也是分布式的、自组织的、去中心的。去中心不是指社会治理的去中心，而是商业活动的去中心。真正基于区块链的应用从一定程度上都要体现上述的两个特色。

数据如何驱动商业？就是把数据通过计算机实现模型化，用算法来组织这些数据，同时把企业的业务流程代码化或变成智能合约。互联网、物联网、云计算、人工智能、区块链等一系列的数字化技术正在帮助企业完成数字经济和数字商业的构建。

天秤币项目为什么会采用“协会”的架构？脸书为什么不控制它？这与区块链的技术特点有关。如果脸书以自己为中心建立天秤币项目，就很难在全球范围内得到广泛认可了。

数字化技术的特点使商业活动的去中心成为必然趋势。

第一，经济全球化 2.0。因为互联网，经济全球化发展成为个人全球化，任何个体都有可能进行点对点交易，解决点对点的交易和服务成为突出的问题。区块链技术能够低成本地支持点对点的交易活动，为个人商业活动的全球化提供了解决方案。

第二，经济数字化。当数据累积到一定程度后，其流通基本是跨时空的。很多商业活动的金融支付需求会因此变得随时、随地、随身、随需。那些无法根据场景虚拟化的趋势提供合适的支付清算服务的技术，就会被市场所淘汰。这就是互联网的扫码支付打败了 NFC 支付技术的根本原因。

因此，新技术带来的新生活需求、商业需求、金融需求，必须用分布式、去中心的方法才能满足。

数字货币监管政策①

可以肯定的是，随着国家层面给出明确的发展指示，未来会有越来越多的资本和企业投身到区块链行业当中，区块链行业将会迎来难得的历史发展机遇。然而，由于区块链自身具有点对点、分布式等特点，行业规模的日益扩大使区块链行业的监管形势更加严峻，对监管的需求也更加迫切。

监管政策是决定区块链行业发展方向的重要因素。近年来，各国监管部门对区块链行业的监管非常重视，持续推出了很多相关法规政策，积极将区块链行业纳入主流监管框架。从监管对象的角度来看，这些监管政策可以分为对区块链技术的监管和对数字货币的监管两大类。对于区块链技术而言，各国政府都采取支持和鼓励的态度，大力推动区块链技术的发展。但对于数字货币来讲，各国监管部门之间的态度分歧很大，主要是

① 此部分由万向区块链邹传伟团队在肖风博士的指导下完成。

根据其具体国情和现有监管框架对数字货币采取相应的监管措施。这里，我们主要针对数字货币的监管进行讨论。

各国监管当局管理数字货币所面临的首要问题就是确定数字货币的属性。由于区块链项目涉及的领域非常广泛，数字货币的发行方式也各不相同，所以，国际社会对于数字货币的属性一直没有统一的定论，甚至在同一个国家内部也有不同的声音。从当前的分类方式来看，数字货币主要被划分为证券型、支付型和功能型，不同类型的数字货币面临的监管有很大区别。

证券型数字货币

证券型数字货币按照传统的证券监管方式进行管理。在这种情况下，数字货币发行和交易都要遵守所在国的证券法。至于判断数字货币是否属于证券的方法，各国政府之间并没有统一的标准。

以美国为例。美国证券交易委员会（SEC，以下简称美国证交会）使用豪威测试（Howey Test）来判断一种金融工具是否属于证券。豪威测试共包含四个标准：有资金投入；投资于一个共同事业；期待从投资中获取利润；利润的产生源自发起人或第三方的努力。在豪威测试中符合的条件越多，说明该金融工具的属性越接近证券。2019 年 4 月，美国证交会基于豪威测试发布了一份数字资产投资合同分析框架，为判断数字货币是否属于证券提供了官方指导。美国证交会认为，目前市面上大多数的数字货币都满足“有资金投入”和“投资于一个共同事业”这两项标准。对于另外两个标准，美国证交会指出，如果数字货币的发展依赖某公司或中心化实体的努力，并且购买者存在从投资中获得合理利润的预期，那么这种数字货币就被视为证券。需要指出的是，如果某种数字货币的去中心化程度足够高，有明确的应用场景，并且价格变化与应用情况相关而不是来自投资者对利润的预期，那么这种数字货币就不属于证券。美国证交会已经表示比特币和以太坊不属于证券。

2018 年 11 月，美国证交会发布《数字资产证券发行与交易声明》，鼓励有利于投资者和资本市场的技术创新，同时也强调证券型数字货币必须遵守现有的证券法框架。

美国证交会对 ICO（首次代币发行）的监管非常严格。尽管很多数字货币的发行人在进行 ICO 时声称这是功能型数字货币，不应该受到美国证交会的监管，但美国证交会认为大部分 ICO 都是有价证券，应该登记注册并接受监管。美国证交会已向可能违反证券法的区块链公司发出了大量传票。证券型数字货币的发行人在进行首次代币发行前，必须向美国证交会登记注册，并提交申请报告，披露与首次代币发行相关的各种信息，这种代币发行方式被称为 STO（证券型数字货币发行）。发行人也可以根据美国的 Reg A+、Reg D、Reg S、Reg CF 等监管规定的要求豁免登记。其中，Reg A+ 源于《1933 年证券法》，申请流程类似 IPO（首次公开募股）上市申请，需要项目方披露大量相关信息。2019 年 7 月，区块链项目 Blockstack 通过 Reg A+ 豁免法案，成为第一个符合美国证券交易委员会发行条件的区块链项目。在该项目之后，YouNow 等区块链项目也通过了 Reg A+ 豁免法案。通过了豁免法案的数字货币不需要在美国证券交易委员会登记，但仍然需要遵守《证券法》。

证券型数字货币的交易环节必须满足美国《1933 年证券法》和《1934 年证券交易法》的要求。证券型数字货币只允许在美国证交会批准的持牌交易所或另类交易系统（ATS）上进行交易。2018 年 7 月，美国证交会通过对另类交易系统监管框架的修订，提高了另类交易系统运营的透明度和对数字货币的监管力度。

新加坡与中国香港对于证券型数字货币的监管框架与美国非常类似。新加坡政府将一部分数字货币定义为证券（新加坡将数字货币分为证券型、支付型和应用型），受到新加坡金融管理局（MAS）的监管，并且证券型数字货币的发行、销售和交易需要遵守现有的新加坡《证券及期货条例》。2017 年 11 月，新加坡金融管理局发布了《数字货币发行指南》，详细规定了新加坡对首次代币发行的具体要求。

中国香港将数字货币分为证券型数字货币和非证券型数字货币。证券型数字货币的发行、销售和交易受到香港证监会的监管，必须严格遵守《证券及期货条例》。证券型数字货币在香港进行首次代币发行属于受监管活动，必须向香港证监会注册。

对于交易平台，香港使用“沙盒机制”来降低初期监管门槛。根据交易平台在沙盒中的表现，香港特区政府会考虑是否适合证监会监管，并向合格的交易平台发放牌照以进入下一沙盒阶段。经过至少 12 个月监管后，交易平台营运者可以向香港证监会申请移除或修改部分发牌条件及退出沙盒。非证券型数字货币在香港特区则不受任何监管。

支付型数字货币

支付型数字货币也被称为交易型数字货币。这种类型的数字货币可以作为交易工具购买商品和服务，比较典型的例子包括比特币和以太坊等。支付型数字货币的去中心化程度较高，在全球范围内的接受程度较广，其发行和交易环节不需要政府部门监管，但监管部门需要在反洗钱、反恐融资等领域做出相关规定。

下面以新加坡和日本为例进行说明。2019 年 1 月，《支付服务法案》通过新加坡国会审议，被正式立法，并将于 2020 年 1 月 28 日起正式实施。新加坡金融管理局将从风控和合规两个方向全面监管数字货币交易所、钱包、场外交易平台以及其他电子支付的业务。

《支付服务法案》将账户发行服务、境内转账服务、跨境转账服务、商业采购服务、电子支付服务、支付型数字货币相关服务以及货币兑换服务等纳入监管范围，服务提供商可以选择提供其中一种或多种服务。

《支付服务法案》包括两套平行的监管框架。“指定制度”主要针对大型支付系统，授权新加坡金融管理局指定某一受监管的支付系统以保持金融稳定，或在可能发生市场垄断时指定另一家支付系统加入竞争。“牌照制度”则是为了更灵活地响应市场变化而设置的监管框架，共设货币兑换（Money-Changing）、标准支付机构（Standard Payment Institution）和大型支付机构（Major Payment Institution）三种牌照。

货币兑换牌照仅限于货币兑换服务，适用于提供货币兑换的服务商。因业务自身的商业规模较小，涉及的风险也较低，新加坡金融管理局主要监管服务商的洗钱和恐怖主义融资风险。虽然标准支付机构牌照适用于上述七种服务任意组合而成的商业模式，但对业务金额总量有所限制，申请要求较低，服务商受到的监管程度也较低。大型支付机构牌照适用于那些超过“标准支付机构”牌照所设额度的业务，因涉及的金额更大、风险更高，所以受到最严格的监管。如果未来的业务需求有改动，持牌人可以申请变更牌照，以便在新的业务运行时符合支付服务或者牌照的要求。

《支付服务法案》对于支付服务中的主要风险进行监管并采取风险防控措施。第一，对客户资金损失的防控。《支付服务法案》要求主要支付机构使用以下方式保护客户资金免受损失：（1）任何银行或指定金融机构承诺对客户承担该等款项的全部责任；（2）放置于信托账户中的存款；（3）以金管局规定的其他方式进行保护。第二，对洗钱、恐怖主义融资风险的防控。新加坡金融管理局将针对非法跨境转移和匿名支付等行为进行监管。《支付服务法案》要求新加坡的所有数字货币服务提供商或交易所都必须满足反洗钱和反恐融资的要求。第三，支付解决方案之间缺乏互操作性的问题。《支付服务法案》赋予新加坡金融管理局正式的权力以对支付机构提出以下要求：指定的支付系统运营商或主要支付机构必须允许第三方访问其运营的任何支付系统，并且所实施的访问制度必须公平且不具有歧视性；主要支付机构必须加入指定的通用平台，以实现支付账户的互操作性；主要支付机构必须采用通用标准，使广泛使用的支付接受方式具有互操作性。第四，对技术风险的防控。新加坡金融管理局要求服务商在用户认证、数据丢失保护和网络攻击预防和检测等领域有足够的风险防控能力。

总的来说，《支付服务法案》使新加坡成为对数字货币业务有明确监管的国家，填补了新加坡对支付型数字货币的监管空白。《支付服务法案》实施之后，会有越来越多的数字货币服务商受稳定政策吸引而到新加坡开展相关业务，有利于新加坡数字货币行业的快速发展。

在日本，数字货币是一种合法支付手段。数字货币的监管由日本金融厅负责，需要遵守《支付服务法》。对于数字货币的发行，2019 年 3 月日本监管部门要求识别和管理数字货币托管业务并规范区块链项目公开代币发行活动。对于交易环节，《支付服务法》规定日本只允许在当地财政局注册的数字货币交易所运行，同时运营商必须是股份公司或者在日本有办事处的外国数字货币交易所，数字货币交易所需要申请牌照。对于反洗钱要求，日本金融厅对交易所强制执行严格的反洗钱协议。《防止转移犯罪所得法》规定，数字货币交易所必须符合反洗钱条例要求，交易所有义务验证客户身份，保留交易记录，并在识别可疑交易时通知监管当局。同时，日本监管部门对于具备高度匿名性以及容易被用来洗钱的数字货币（如门罗币、达世币等）持有明确的抵制态度。

功能型数字货币

功能型数字货币也被称为应用型数字货币，各国监管部门并没有给出功能型数字货币的判断标准。借鉴美国证交会对证券型数字货币的判断方法，假如某个数字货币在豪威测试中得分较低，那么这种数字货币的证券属性也比较低，就可能会被归入功能型数字货币。

功能型数字货币是项目方为自己提供的服务或者产品而发行的，主要应用于项目生态内部，应用范围比较小。一般来说，项目方发行功能型数字货币的目的是募集资金，这在某种程度上类似服务或者产品的预售。同时，项目方在设计上会使功能型数字货币的升值空间有限，鼓励用户使用而不是投机。例如，以太坊或 EOS 等智能合约平台上的某个游戏或博彩项目发行了一种数字货币，该数字货币仅可在本项目内使用，购买者的目的就是在游戏或博彩中消费，那么这种数字货币就可以被视作一种功能型数字货币。

目前来看，各国监管部门并没有将功能型数字货币纳入监管体系，功能型数字货币的政策风险更低。然而，由于功能型数字货币的项目规模较小，项目前景的不确定性非常高，其价值难以得到有效支撑，各国监管部门会提醒投资者注意防范功能型数字货币的投资风险。

政策建议

除了证券型数字货币、支付型数字货币和功能型数字货币这三种类型，数字货币还可被视作商品。2013 年 12 月，中国人民银行等五部委发布的《关于防范比特币风险的通知》中，将比特币视为一种存在较大风险的虚拟商品。美国商品期货交易委员会认为数字货币具备《商品交易法》中商品的特点。2017 年 10 月，CFTC 发布了《关于虚拟货币的入门指南》，将数字货币定义为大宗商品。

从 2009 年比特币区块链开始，整个行业已经蓬勃发展了十多年，未来区块链行业要想继续健康发展下去，必须依靠更加符合实际情况的监管框架和政策。

第一，由于数字货币具有天然跨国界的特点，各国应该对数字货币的定性达成共识。如果缺乏将几种数字货币的边界进行清晰划分的方法，就容易滋生监管漏洞和套利行为等问题。因此，美国对数字货币的分类方式可能会在全球流行起来。

第二，继续完善监管政策，严厉打击各种形式的数字货币诈骗，对实施诈骗的项目方以及提供宣传、代投等服务的机构和个人进行追责。数字货币的价格波动非常大，对投资者的风险承受能力和风控意识的要求应该比其他投资方式更高。然而，很多项目方和机构不做任何客户身份验证，还通过虚假宣传吸引普通投资者进行投资，最终给投资者带来巨大的经济损失。

第三，警惕国外区块链项目在中国的渗透。中国的市场规模很大，很多国外区块链项目要发展，就需要到中国进行融资。由于数字货币具有匿名性，很多国外项目融资完成后便销声匿迹。在这方面要加强与国际社会的合作，强化国际监管。

第四，区块链行业仍然属于一个新兴行业，“一刀切”式的监管会对行业创新和发展起到负面作用，相对温和的监管会给区块链技术发展带来空间。新加坡和中国香港实施的“沙盒机制”是一种值得借鉴的措施。

第五，虽然世界各国在监管数字货币的态度和方法上有所区别，但是对于发展区块链技术的思路是非常统一的。因此，我们要抓住历史机遇，推动区块链技术和产业创新发展，占领全球区块链的制高点。

中国人民银行法定数字货币[①]

2019 年 10 月 24 日，习近平总书记在中央政治局第十八次集体学习中指出“区块链技术应用已延伸到数字金融”。理解数字金融的关键是理解中国人民银行法定数字货币项目 DC/EP（Digital Currency/Electronic Payment）。

DC/EP 简介

1. DC/EP 核心特征梳理

截至目前，中国人民银行没有公开文件系统阐述 DC/EP 设计。对 DC/EP 的介绍散见于中国人民银行领导和相关负责同志的讲话和论文。经过梳理并对比这些公开渠道的信息，DC/EP 具有以下核心特征。

一是替代 M0（流通中现金），基于 100% 准备金发行。数字货币不计付利息，不承担除货币的四个职能（价值尺度、流通手段、支付手段和价值贮藏）之外的其他社会与行政职能。为保证数字货币发行和回笼不改变中央银行货币发行总量，商业银行存款准备金和数字货币之间有等额兑换机制——在发行阶段，中央银行扣减商业银行存款准备金，等额发行数字货币；在回笼阶段，中央银行等额增加商业银行存款准备金，注销数

① 此部分由万向区块链邹传伟团队在肖风博士的指导下完成。

字货币。

二是遵循传统的中央银行—商业银行二元模式运行框架。中央银行将数字货币发行至商业银行业务库，商业银行受中央银行委托向公众提供数字货币存取等服务，并与中央银行一起维护数字货币的发行和流通体系的正常运行。

三是数字货币的表达形式。数字货币在形式上是由中央银行担保并签名发行的代表具体金额的加密数字串，包含最基本的编号、金额、所有者和发行者签名等。其中，编号是数字货币的唯一标识，编号不能重复，可以作为数字货币的索引使用。数字货币具有可编程性，可以附加用户自定义的可执行脚本。

四是数字货币的登记中心和认证中心。登记中心既记录数字货币及对应用户身份，完成权属登记；也记录流水，完成数字货币产生、流通、清点核对以及消亡全过程的登记。登记中心基于传统集中化方法构建，是全新理念的数字化铸币中心。认证中心是数字货币可控匿名设计的重要环节，对金融机构或高端用户的认证可以采用公开密钥基础设施（PKI，Public Key Infrastructure），对低端用户的认证可以采用基于标识的密码技术（IBC，Identity Based Cryptography）。

五是账户“松耦合方式投放＋中心化管理”模式。数字货币在交易环节对账户的依赖程度较低，既和现金一样易于流通，又能实现可控匿名。可控匿名的含义是，数字货币只对中央银行这一第三方披露交易数据，但若非持有者本人意愿，即使商业银行和商家合作也无法追踪数字货币的交易历史和用途。数字货币持有人可直接将其应用于各种场景，有利于人民币流通和国际化。相比而言，银行卡和互联网支付等都基于账户紧耦合模式。

六是对分布式账本的应用。数字货币登记中心没有采用分布式账本。在 DC/EP 中，分布式账本用于数字货币的确权登记，提供可供外部通过互联网进行数字货币确权查询的网站，实现数字货币网上验钞机功能。这样做有两个好处。一方面，将核心的发行登记系统对外界进行隔离和保护，同时利用分布式账本优势，提高确权查询的数据和系统安全性。另一方面，由于分布式账本仅用于对外提供查询访问，交易处理仍由发行登记系统来完成，所以有效规避了现有分布式账本在交易处理上的瓶颈问题。

七是系统无关性。数字货币具有普适性和泛在性，能够在多种交易介质和支付渠道上完成交易，可以利用现有金融基础设施。理论上，银行存款货币、电子货币能达到的支付网络边界，数字货币亦可达到。

2. 对 DC/EP 设计的推测

从中国人民银行公开披露的信息看，DC/EP 没有像天秤币项目那样用到真正的区块链。不过它在不可“双花”、匿名性、不可伪造性、安全性、可传递性、可分性和可编程性等关键特征上，与区块链内 Token 是类似的。因此，DC/EP 仍属于 Token 范式，而非账户范式。DC/EP 的发行登记子系统由中央银行负责维护，是中心化的，不需要运行共识算法，这样就不会受制于区块链的性能瓶颈。在 DC/EP 中，区块链用于数字货币的确权登记，处于辅助地位。

本书主要基于中央银行数字货币原型系统，对 DC/EP 设计的推测如下。

一是 DC/EP 使用了基于 UTXO（Unspent Transaction Output，未花费交易输出）模式的中心化账本。这个中心化账本体现为数字货币发行登记系统，由中央银行维护。虽然中心化账本可以通过哈希函数和“默克树”（Merkle Tree）组织起来，但因为由中央银行维护，是否这样做差别不大。更重要的是，由于中央银行的信用显著高于商业银行和其他私营机构，没必要在 DC/EP 中引入区块链代表的分布式信任机制，所以 DC/EP 使用中心化账本是有一定道理的。当然，也可以把基于 UTXO 模式的中心化账本视为一种“退化”的区块链（或只有一个节点的区块链）。

二是 DC/EP 钱包。用户需要使用 DC/EP 钱包，钱包的核心是一对公钥和私钥。公钥也是地址，地址里面存放人民币的数字凭证。这个数字凭证基于 100% 人民币准备金发行。虽然用户可以看到其他用户的地址，但不一定知道地址所有者的身份。中央银行通过管理的数字货币登记中心，虽然知道地址与用户身份之间的对应关系，但不一定强制实行实名制。

三是 DC/EP 交易。用户通过钱包私钥，可以发起地址间转账交易。DC/EP 转账交易不是像公链内 Token 交易那样先广播到点对点网络中，再由“矿工”打包进区块并运行共识算法，而是由中央银行直接记录在中心化账本中。

“断直连”前后的第三方支付

下文对“断直连”前后第三方支付的分析将综合资金流向分析和资产负债表分析两种视角。前者比较直观，后者更为严谨，形成了很好的补充。

1.“断直连”前的第三方支付

“断直连”前，第三方支付机构可以绕过监管直连商业银行，往往在多个商业银行开立备付金账户。备付金是第三方支付机构为办理用户委托的支付业务而实际收到的预收待付资金。这些资金所有权属于用户，以第三方支付机构名义存放在商业银行，并由第三方支付机构向商业银行发起资金调拨指令。备付金利息在理论上应该由用户所有，但实际上一般由第三方支付机构所有，并构成第三方支付机构的重要收入来源。特别是，相当部分的备付金以同业协议存款形式存放在商业银行，利率比较高。第三方支付机构通过这些备付金账户办理跨行资金清算，超范围经营，变相行使中央银行或清算组织的跨行清算职能。

图 3.1 给出“断直连”前第三方支付中的资金流向。其中，用户在第三方支付机构的余额，本质是 IOU（欠条），不计付利息；用户在第三方支付机构充值和提现涉及的法定货币，实际上是他们在商业银行的存款。

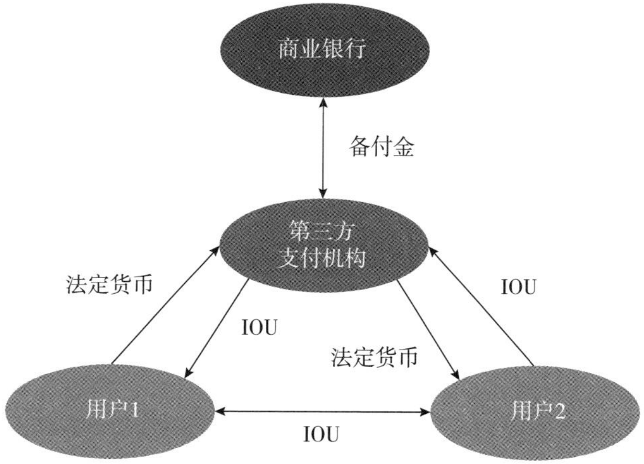

图 3.1 “断直连”前第三方支付中的资金流向

用户在第三方支付机构充值和提现时，他们在商业银行的存款和（以第三方支付机构名义存放的）备付金相互转换，这个转换发生在商业银行负债方内部。用户之间用第三方支付转账时，会引发他们在第三方支付机构余额的调整。

“断直连”前的一个现象级产品是余额宝。余额宝类产品是第三方支付机构销售货币市场基金的产物。第三方支付机构归集用户的闲散资金并投资于货币市场基金。在我国，货币市场基金的相当大部分资产投资于期限较长的同业协议存款和存单，获得高于个人活期存款的利率。用户获得货币市场基金份额，第三方支付机构通过垫支为用户开展当天内（T+0）的快速赎回提现业务。

2. “断直连”后的第三方支付

“断直连”有三个要点。第一，撤销第三方支付机构在商业银行的备付金账户，切断第三方支付机构绕过监管直连商业银行的通道。第二，在第三方支付机构与商业银行之间引入网联（即非银行支付机构网络支付清算平台），搭建一个共有的、受中央银行监管的转接清算平台。第三，第三方支付备付金100%集中存管在中央银行。备付金体现在中央银行负债方的“非金融机构存款”科目，属于M0，并且不计付利息。周小川曾指出，这主要为激励第三方支付机构通过提供服务而非备付金利息来获得收入。

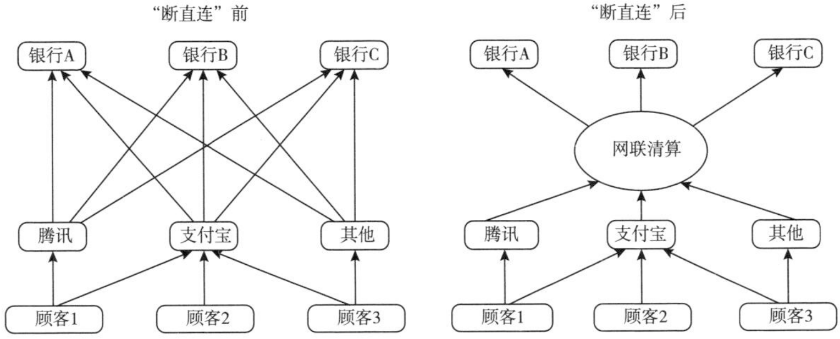

图 3.2 网联在“断直连”中的作用

资料来源：国际清算银行2019年度经济报告。

图 3.3 给出了“断直连”后第三方支付中的资金流向。与图 3.1 一样，用户在第三方支付机构充值和提现涉及的法定货币实际上是他们在商业银行的存款。简便起见，图 3.3 没有呈现商业银行以及它们在中央银行的存款准备金。

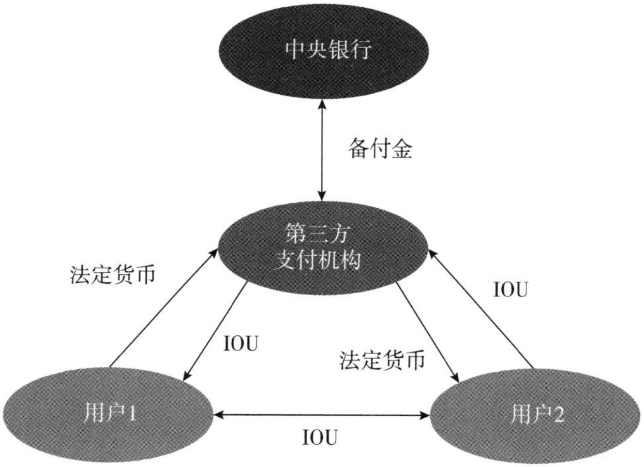

图 3.3 “断直连”后第三方支付中的资金流向分析

图 3.4 给出了“断直连”后第三方支付中有关各方的资产负债表及它们在充值和提现等场景下的变化。简便起见，假设有两个用户，他们使用同一个存款银行和同一个第三方支付机构。当然，也可以假设这两个用户使用不同存款银行和不同第三方支付机构。尽管这样分析起来会复杂一些，但核心逻辑不变。为了便于理解，将备付金视为第三方支付机构的资产，将用户余额视为第三方支付机构的负债。后文对 DC/EP 的分析采用同样的假设和视角。

图 3.4 右边显示了用户充值数额为 A 的资金的场景（如果 A 小于 0，则表示提现），其中 DRR（Deposit Reserve Ratio）表示存款准备金率。转账场景相对简单，在图 3.4 中不再呈现。

“断直连”后，第三方支付的运行离不开中央银行资产负债表，用户充值和提现会对货币供应和货币乘数产生复杂影响。比如，在用户充值时，他们在商业银行的存款（属于 M2）减少，从而间接减少商业银行在中央银行的存款准备金（属于 M0），而（以第三方支付机构名义存放的）在中央银行的备付金（属于 M0）则增加。反过来，在用户提现时，他们在商业银行的存款增加，从而间接增加商业银行在中央银行的存款准备金，然而在中央银行的备付金则减少。

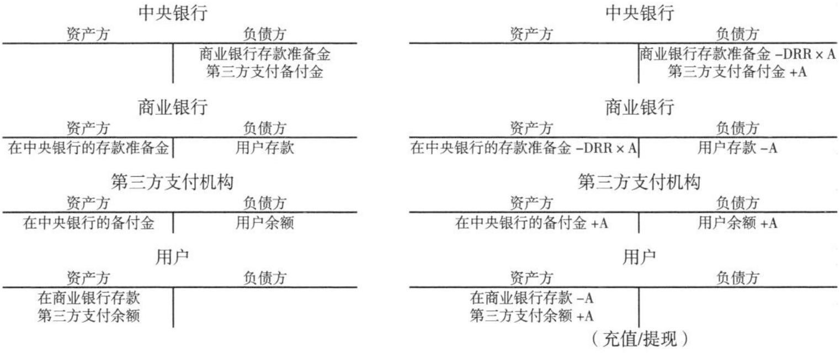

图 3.4 “断直连”后第三方支付的资产负债表分析

DC/EP 对支付的影响

此处对 DC/EP 的分析综合使用了资金流向分析和资产负债表分析。

图 3.5 给出 DC/EP 中的资金流向：

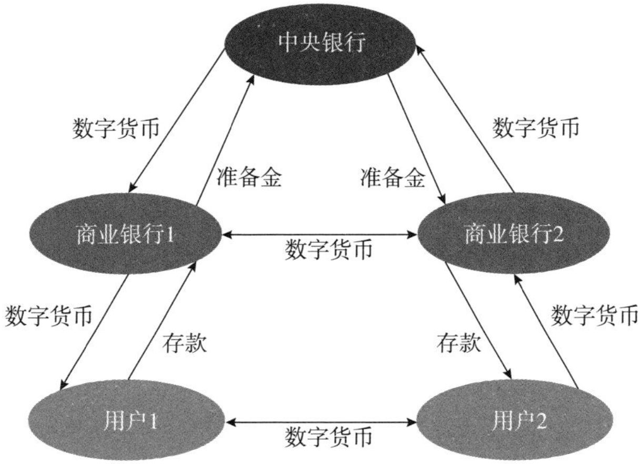

图 3.5　DC/EP 中的资金流向分析

图 3.6 给出 DC/EP 的资产负债表以及它们在数字货币发行 / 回笼和存 / 取等场景下的变化。图 3.6 中间表示中央银行向商业银行发行数量为 A 的数字货币的场景，商业银行在中央银行的存款准备金减少 A（A 小于 0 表示回笼）。图 3.6 右边表示用户向商业银行取出数量为 B 的数字货币的场景，用户在商业银行的存款减少 B（B 小于 0 表示存回数字货币）。

从图 3.6 可以看出，数字货币的发行 / 回笼体现为中央银行 M0 的内部结构调整，但 M0 总量不变。数字货币的存 / 取还体现为用户在商业银行的存款（属于 M2）和数字货币（属于 M0）之间的相互转化，但用户在商业银行存款的增减会引起商业银行在中央银行的存款准备金相应增减。

如果将图 3.5 和图 3.6 中的数字货币替换成现钞，它们描述的将是现钞发行 / 回笼和存 / 取等场景。这说明，DC/EP 使用传统的中央银行—商业银行二元模式运行框架，可以尽可能减少对现有货币投放渠道和商业银行业务模式的影响。

从图 3.3、图 3.5 以及图 3.4、图 3.6 的各自对比可以看出 DC/EP 与“断直连”后第三方支付存在很多相似之处（表 3.1）。表 3.1 在分析用户存 / 取数字货币对中央银行的影响时，合并考虑了与之有关的数字货币回笼 / 发行操作。

表 3.1 DC/EP 与“断直连”后第三方支付的比较

DC/EP	对中央银行的影响	对用户的影响
用户取数字货币	商业银行的存款准备金减少，数字货币增加	在商业银行的存款→数字货币
用户存数字货币	商业银行的存款准备金增加，数字货币减少	数字货币→在商业银行的存款
用户之间交易数字货币	无影响	数字货币余额增减
“断直连”后	对中央银行的影响	对用户的影响
用户充值	商业银行的存款准备金减少，第三方支付备付金增加	在商业银行的存款→在第三方支付机构的余额
用户提现	商业银行的存款准备金增加，第三方支付备付金减少	在第三方支付机构的余额→在商业银行的存款
用户转账	无影响	在第三方支付机构的余额增减

注：DC/EP 在一定意义上与“断直连”后第三方支付存在同构关系（如表 3.2）。如果 DC/EP 在技术效率和商业拓展上做得足够好，站在用户角度，DC/EP 与“断直连”后的第三方支付在理论上应该带来同样的体验。这说明，对用户而言，DC/EP 与“断直连”后的第三方支付在应用中存在相互替代关系。

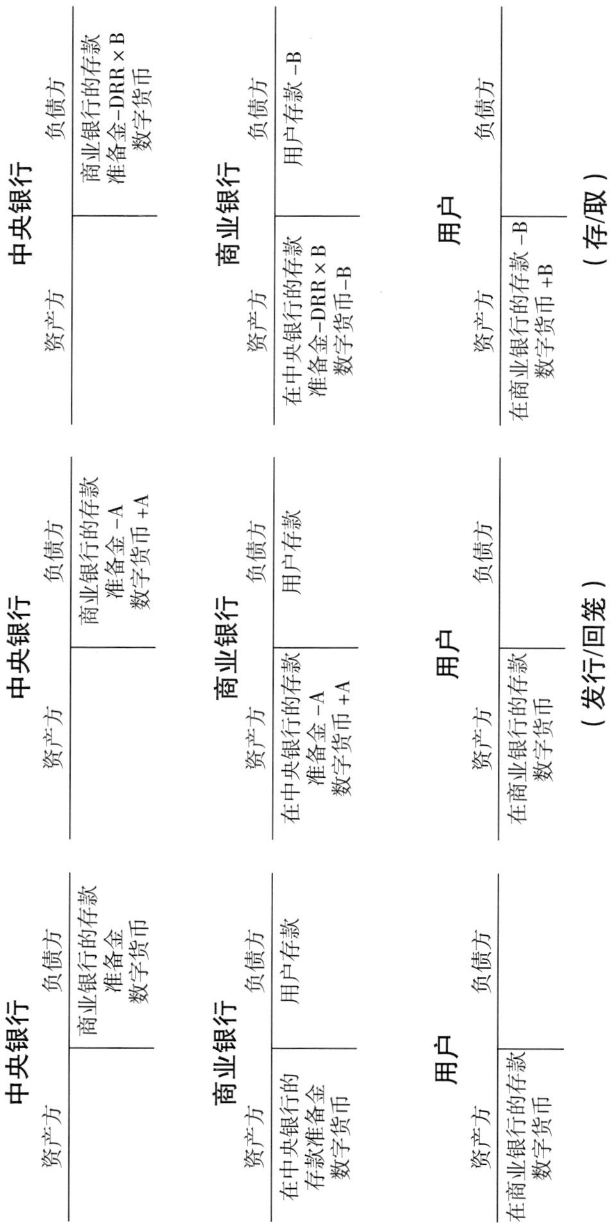

图 3.6 DC/EP 的资产负债表分析

表 3.2 DC/EP 与“断直连”后第三方支付的同构关系

DC/EP	“断直连”后第三方支付
用户取数字货币	用户充值
用户存数字货币	用户提现
用户之间交易数字货币	用户转账
中央银行对外发行的数字货币	第三方支付机构在中央银行的备付金
用户持有的数字货币	用户在第三方支付机构的余额

此外，DC/EP 与“断直连”后第三方支付之间还存在以下共同点：第一，都针对一般用户，特别是零售用户，因此都是所谓“一般目标型”（General Purpose）。第二，都是中心化的，都基于中央银行—商业银行二元模式运行框架。第三，都对货币供应和货币乘数有复杂影响（详细分析见第四部分）。第四，数字货币不付息，用户在第三方支付机构的余额也不付息（余额宝类产品不适用这种情况）。

DC/EP 与“断直连”后第三方支付之间的差异也非常明显。

第一，“断直连”后第三方支付基于第三方支付机构账户以及第三方支付机构在中央银行的备付金账户，是账户紧耦合模式。数字货币基于中央银行管理的数字货币发行登记系统，是账户松耦合模式。

第二，第三方支付基于账户，而账户与身份识别之间有关联，因此不是匿名的。数字货币是可控匿名的。这会造成两者在隐私保护方面的差异。

第三，用户在第三方支付机构的余额是一种支付工具。第三方支付转账仅限于在使用同一家第三方支付机构的用户之间。比如，微信用户与支付宝用户之间不能直接转账交易。数字货币则属于 M0，在任何场景下都具有法偿性。

第四，DC/EP 对现金的替代作用非常明显，对中央银行监控资金流向以及反洗钱、反恐怖融资和反逃漏税等方面的监管具有很强政策含义。DC/EP 的可编程性为智能的宏观调控带来了空间，比如货币政策的“前瞻指引”，姚前对此曾有专门分析。应该说，对数字货币可编程性的应用，是数字金融的重要内容。第三方支付主要替代银行卡和支票等支付工具，没有很强的政策工具意义。

DC/EP 对货币的影响

1.DC/EP 的货币政策含义

首先，数字货币不付息，人民银行没有用 DC/EP 完全替代现金的计划，因此 DC/EP 不构成新的货币政策工具。在国外关于 CBDC（央行数字货币）的讨论中，一派观点希望 CBDC 付息并完全替代现金。这样，CBDC 利率将会构成新的货币政策工具，就能从中央银行直接传导到终端用户，而且 CBDC 利率可以为负，能突破名义利率的零下限（Zero Lower Bound）。姚前曾提出可以对 DC/EP 收保管费，从而间接实现负利率。但

DC/EP 保管费只针对部分数字货币，与央行数字货币利率是不同的。

其次，根据第三部分，DC/EP 与“断直连”后第三方支付的发展都会对 M2（广义货币）造成紧缩效应，而 M2 紧缩在一定程度上反映了银行体系的收缩。

2.DC/EP 对人民币国际化的影响

DC/EP 对人民币国际化的影响主要体现为基于数字货币的跨境支付。

2015 年前，人民币跨境结算主要有代理行和清算行两种模式。在代理行模式下，境内具备国际结算业务能力的商业银行与境外银行签订人民币代理结算协议，为其开立人民币同业往来账户，代理境外银行进行跨境人民币收付、结算等服务。在清算行模式下，境外清算行与境外其他银行签订人民币代理结算协议，为其开立人民币同业往来账户，代理境外其他银行进行跨境人民币收付等服务。

2015 年，CIPS（人民币跨境支付系统）上线，作为人民币国际化的“高速公路”，为人民币跨境和离岸业务提供跨时区的资金清算结算业务（图 3.7）。CIPS 的业务处理主要包括针对客户汇款和头寸调拨的逐笔支付业务，针对批量汇款的批量支付业务，以及针对 SSS（证券结算系统）付款交割结算和 CCP（中央对手方）集中清算的金融市场业务等。CIPS 可处理人民币跨境贸易、投融资、金融市场业务等的资金结算，有利于支持人民币在全球范围内使用，为境外银行和当地市场提供流动性，防止离岸资金对在岸市场的冲击。此外，图 3.7 还显示了 CIPS 与环球同业银行金融电讯协会（SWIFT）之间的关系。

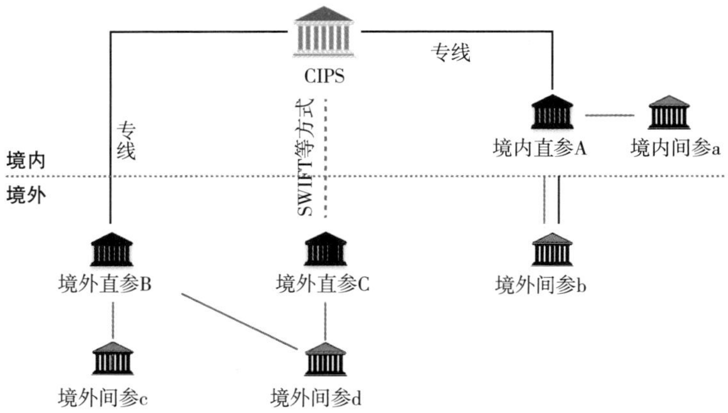

图 3.7　人民币跨境支付系统（CIPS）架构

资料来源：人民银行支付结算司研究规划处 2018 年 7 月《人民币跨境支付系统（CIPS）主要功能及业务管理》。

以上跨境支付系统都基于银行账户。为此，境外银行需要有人民币业务，境外企业和个人需要开设人民币存款账户。而 DC/EP 只需要使用者拥有 DC/EP 钱包，这个要求比开设人民币存款账户低得多。数字人民币交易天然是跨国境的，DC/EP 能有效扩大人民币在境外的使用范围。在这一点上，DC/EP 与天秤币项目有类似逻辑。

境外银行、企业和个人可以通过两种方式获得数字人民币。

第一，通过自己持有的人民币向境内银行、企业或个人兑换。这本质上是数字货币发行流通体系通过跨境支付网络向境外延伸。第二，通过外币兑换数字人民币。这隐含着对人民币可兑换性的要求。境外银行、企业和个人获得的数字人民币，会通过跨境贸易、投融资、金融市场业务等向境内回流（见图 3.8）。

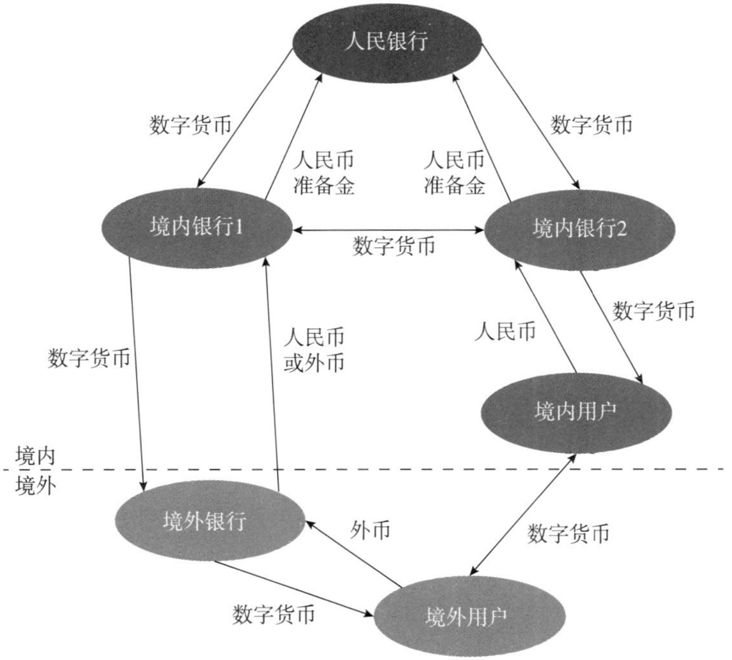

图 3.8　DC/EP 与跨境支付

货币国际化有三个维度：贸易结算货币、投资货币和储备货币。国际化货币应该满足：可自由兑换；币值稳定，对内体现为通胀率低，对外体现为汇率稳定；依托深广的跨境贸易场景；在境外接受程度高；境内金融市场成熟且开放度高；境内法律环境完善，特别是在产权保护方面。这些要求超过了跨境支付范畴。

3. 私营机构参与 DC/EP 基础设施建设和应用推广的机会

中国人民银行表示，数字货币在技术标准和应用规范做好的基础上，支付路径、支付条件以及之上的商业应用要尽可能交给市场来做。

私营机构参与数字货币发行的机会应该不大。中国人民银行已明确，数字货币遵循传统的中央银行—商业银行二元模式运行框架。因此，中国人民银行就不可能在 DC/EP 中向私营机构开放资产负债表，私营机构通过向中国人民银行交纳备付金而换取数字货币的可能性很小。需要看到的是，在“断直连”后第三方支付中，中国人民银行向第三方支付机构开放资产负债表，备付金集中存放在中央银行，都是特殊的行业和监管背景下的产物，而且这对货币供应和货币乘数产生了复杂影响。

如果 DC/EP 钱包依托的公私钥应用在普及程度、用户体验和私钥安全管理等方面没有显著提升，那么数字货币托管的地位将非常重要，并将与数字货币支付相融合。这应该是私营机构参与 DC/EP 的主要机会，可能出现专门的数字货币托管和支付机构（见图 3.9）。用户将数字货币充值到数字货币托管和支付机构的地址后，获得数字货币托管和支付机构授予的托管凭证（类似支付账户余额或 IOU 概念）。用户之间通过 IOU 进行转账交易，而 IOU 转账交易可以与第三方支付的收单环节充分融合。

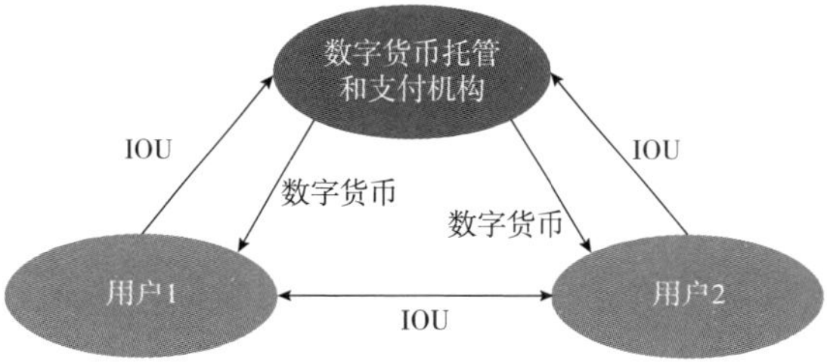

图 3.9 数字货币托管和支付机构

总结和建议

第一，DC/EP 没有像天秤币项目那样使用到真正的区块链，而是可能会使用基于 UTXO 模式的中心化账本，不过仍属于 Token 范式。这个中心化账本体现为中央银行维护的数字货币发行登记系统，不需要运行共识算法，不会受制于区块链的性能瓶颈。区块链可能用于数字货币的确权登记，居于辅助地位。

第二，用户需要使用 DC/EP 钱包。DC/EP 钱包的核心是一对公钥和私钥。公钥也是地址，地址里面存放人民币数字凭证。尽管这个数字凭证不是完整意义上的区块链内 Token，但在很多关键特征上与 Token 一致，并且基于 100% 人民币准备金发行。用户通过 DC/EP 钱包私钥可以发起地址间转账交易。转账交易由中央银行直接记录在中心化账本中。DC/EP 以此实现账户松耦合方式投放和可控匿名。

第三，尽管 DC/EP 属于货币工具，“断直连”后第三方支付主要是支付工具，但两者有很多相似之处。如果 DC/EP 在技术效率和商业拓展上做得足够好，那么站在用户角度，DC/EP 与“断直连”后第三方支付可以带来同样体验。因此，DC/EP 与“断直连”后第三方支付在应用上有相互替代关系。

第四，DC/EP 会对 M2 造成紧缩效应，而 M2 紧缩在一定程度上反映了银行体系收缩。由于数字货币不付息，人民银行没有用 DC/EP 完全替代现金的计划，所以 DC/EP 不会构成新的货币政策工具。DC/EP 对中央银行监控资金流向以及反洗钱、反恐怖融资和反逃漏税等方面的监管具有很强政策含义。因此，DC/EP 的监管功能超过货币政策功能。

第五，DC/EP 对人民币国际化的影响主要体现为基于数字货币的跨境支付。尽管包括 DC/EP 在内的跨境支付能够促进人民币国际化，但跨境支付只是人民币国际化的必要条件，而非充分条件。人民币国际化离不开一系列制度安排。

第六，在 DC/EP 中，中国人民银行不太可能向私营机构开放资产负债表，私营机构参与数字货币发行的机会不大。换言之，私营机构不太可能通过直接向人民银行交纳备付金来换取数字货币。

第七，如果 DC/EP 钱包所依托的公私钥应用在普及程度、用户体验和私钥安全管理等方面没有显著提升，将会出现专门的数字货币托管和支付机构。这是私营机构参与 DC/EP 的主要机会。数字货币托管和支付机构将充分整合目前第三方支付机构建立的收单系统。

对 DC/EP 发展的两点政策建议。

第一，一些实体机构在场景、流量和用户等方面相对商业银行有优势。应该吸收符合条件的实体机构参与建设法定数字货币的支付基础设施。这种公私合作模式在互联网支付发展中曾取得过很大的成功。回顾过去，我国互联网支付为什么能发展起来？经济和社会活动的数字化带来互联网账户的普及，比如电商账户、社交账户、共享出行账户以及其他应用程序账户。可是，银行账户与互联网账户之间互联互通性差。从互联网场景活动到银行账户支付，中间要经过多个步骤，导致服务不畅，体验不佳，商业转化率低。而互联网支付在互联网场景和银行账户体系之间发挥着“桥梁”作用，是基于互联网账户体系的创新。

第二，允许法定数字货币可编程性方面的试验，比如特定场景、特定功能的特定货币。这样能实现一些银行卡支付和互联网支付实现不了的功能。

第四章
区块链：发掘新时代价值要素

区块链如何成为大规模价值结算协议①

需要解决的五个问题

作为价值互联网，区块链的目标是让价值在互联网上的转移如同信息在互联网上的传播一样简便和高效。区块链能够用智能合约对大规模协作进行自动化价值计量、价值分配、价值存储和价值结算，使跨界的、公共事务的大规模协作成为可行、可信，变得高效。2013 年，以太坊白皮书中设想了智能合约在金融行业中的一系列应用场景，特别是基于智能合约的金融衍生品。但 7 年过去了，以太坊的金融应用离主流金融行业仍然有相当大的差距。

从区块链在金融领域，特别是在支付和去中心化金融方面的实践，可以看到区块链想要成为大规模价值结算协议还需要解决以下五个问题。

第一，正视货币的网络效应与货币错配问题。在由法定货

---

① 此部分由万向区块链邹传伟团队在肖风博士的指导下完成。

币主导的世界中，留给价格高度波动的加密货币的支付场景很小。基于智能合约的金融产品以 Token 为计价单位，与我们在现实中面临的风险可能存在货币错配问题。而央行数字货币和全球稳定币让上述问题迎刃而解，是区块链进入主流金融应用的基础。

第二，在预言机的“不可能三角”中务实取舍。预言机是区块链外信息通往区块链内的桥梁。在很多场合，基于智能合约的金融产品、风险对冲策略和经济机制需要通过预言机读入区块链外的信息。没有一个预言机方案能同时具有准确、去中心化和成本效率这三个特征。在主流金融应用中，准确、成本效率是刚需，去中心化则可以适当让步。

第三，认识去信任化的能力边界。去信任化尽管有其优点，但可能出现超额抵押与流动性占用问题，以及多重身份攻击和串谋攻击问题，因此不应不分场合地追求去信任化。比如 DeFi 借贷如果不能突破超额抵押的问题，发展瓶颈非常明显。

第四，有机融合技术和机制设计。信任是各种经济活动的“润滑剂”。技术可以产生信任，机制设计也可以产生信任。区块链的一个优势是可以让技术和机制设计融合，比如哈希时间锁就体现了这个思路。除此之外，这方面还有很多值得尝试的创新。需要看到，区块链既有技术属性，更有经济和治理属性，区块链应用不是一个单纯的技术问题。区块链技术尽管是首要关注对象，但技术进步有自身规律，在性能拓展、跨链和隐私保护等方面不能急于求成。在技术进步放缓时，区块链经济和治理机制则有巨大的拓展空间，能弥补技术进步的不足。

第五，发挥数字货币与数字资产的可编程性。价值结算伴随资源配置进行，而大部分资源配置是在不确定性情况下、在时间和空间两个维度上进行。因此，区块链要成为大规模价值结算协议，必须理解与区块链有关的货币和金融形态，也就是基于区块链 Token 模式的数字货币和数字资产。数字货币和数字资产与传统形式货币和资产的一个关键区别是可编程性。可编程性既是区块链应用于金融的基础，更使基于区块链对多方协作进行的自动化价值计量、价值分配和价值结算成为可能。

需要看到的是，区块链作为大规模价值结算协议，是理解区块链应用的一个关键。区块链只是一个分布式账本，分布式账本不可能直接触及、操控或改变现实事物。只有通过分布式账本中流转的价值，激励现实中的人和机构，才能影响现实中商品和服务的生产、流通和消费等。

正视货币的网络效应与货币错配问题

从比特币过去十多年的经历中，可以实事求是地得出一个结论：以比特币为代表的加密货币在现实支付场景中的表现很一般。原因既不在于监管是否认可（比如比特币在日本是合法支付工具），也不在于区块容量和交易确认时间等效率指标，而在于货币的网络效应。

我们生活在一个由法定货币主导的世界，用法定货币进行各种交易。大部分人的大部分资产、负债、收入和成本等都以法定货币为计价单位。我们习惯以法定货币为单位来衡量面临的风险和机会并据此做出经济决策——法定货币有很强的网络效应。比如，一个日本商家就算愿意收取比特币，由于不一定能找到愿意收比特币的上游供应商，他迟早需要把收到的比特币兑换成日元。这样，他就不得不承担比特币兑换的价格波动风险，而这个风险很可能超过它本身业务的风险。当今全球留给价格高度波动的加密货币的支付场景很小。

不仅如此，由于智能合约只能操作区块链内的 Token，所以不能直接操作银行账户资金。基于智能合约的金融产品以 Token 为计价单位，这与我们在现实中面临的风险存在货币错配问题。比如，一个基于智能合约的航空延误险，承诺在飞机延误时给投保人一定数量的以太币。这样，一个法定货币本位的投保人将面临双重风险——飞机延误的风险和以太币价格下跌的风险。在以太币价格高度波动时，后者的影响可能远超前者。这是基于 Token 的金融产品、风险对冲策略和经济机制在现实中普遍面临的困境。在很多场合，人们关注 Token 价格涨跌，而背离金融产品、风险对冲和机制设计的初心。尽管理论上可以根据 Token 价格动态调整对冲比率，用基于智能合约的金融衍生品有效对冲风险敞口，但这样操作成本高，很难完全消除基差风险（Basis Risk）。

在央行数字货币和全球稳定币（以 Libra 为代表）时代，货币错配问题将迎刃而解。从目前实践看，主流的央行数字货币和全球稳定币采取 Token 模式。在保留 Token 可编程性的同时，Token 发行基于足额法币储备资产，Token 价值与法定货币或一篮子法定货币挂钩，且此挂钩关系受一系列增信措施保障。央行数字货币和全球稳定币不仅是有效支付工具，它们叠加智能合约而成的金融产品、风险对冲策略和经济机制，与现实经济活动之间几乎不存在货币错配问题。这是区块链进入主流金融应用的基础。

在预言机的“不可能三角”中务实取舍

在很多场合，基于智能合约的金融产品、风险对冲策略和经济机制的触发条件取决于区块链外的信息，比如股价、利率和汇率等。这些信息需要先通过预言机写入区块链内。有两类预言机：一是中心化的，依赖某一中心化信息源；二是去中心化的，不依赖于单一的特性信息源。

区块链领域对去中心化预言机进行了很多探索。主流方案是，将区块链外信息离散化处理后，用经济激励和投票写入区块链。这类方案依靠群体智慧，根据投票结果奖惩投票人：投票越接近全体投票的平均值、中位数或其他样本统计量，越有可能得到奖励，反之就越有可能被惩罚，以此来激励投票人认真投票。隐含假设是，参与投票的群体在投票时不存在系统性偏差。

然而，这类去中心化预言机方案的局限非常明显。第一，链上投票需要时间和成本，有明显效率瓶颈。而现实中，很多金融衍生品和风险对冲策略需要持续不断读入市场价格数据，更新频率要远高于链上投票频率。第二，不管如何设计经济激励，参与投票群体都存在选择性偏差，“不存在系统性偏差”是一个过强的假设条件。第三，链上投票结果难以达到金融应用对精确性的要求（比如精确到 1 个基点）。去中心化金融项目 MakerDAO 就因为以太坊链上拥堵和交易手续费高企，所以出现了预言机数据更新不及时的情况。

从现实中普遍使用的预言机可以看出，预言机应该在去中心化和中心化之间做好平衡。比如预言机项目 ChainLink，一方面使用去中心化的数据源和预言机节点，配以可信硬件并对数据源数据签名；另一方面使用验证系统、声誉系统和认证服务等带有中心化色彩的机制。其中，验证系统监控预言机节点的行为，提供可用性和正确性等指标，帮助用户做选择；声誉系统记录预言机节点的历史表现，节点为获得好声誉会正确行事；认证服务主要是为高质量的预言机节点做信用背书。

预言机也面临“不可能三角”——没有一个预言机方案能同时具有准确、去中心化和成本效率三个特征。在主流金融应用中，“准确”和“成本效率”毫无疑问是刚需，去中心化则可以适当让步。中国人民银行前行长周小川曾说道：“从需求的角度来看，去中心化作为一个新的特性，金融业当前是否迫切需要？”①

认识去信任化的能力边界

去信任化尽管有优点，但也有很大的局限。下面用一个最简单也最具代表性的智能合约来进行说明。

1. 去信任化的优势

考虑“在一定触发条件下从 A 地址往 B 地址转 X 数量的 Token”，操作和处理程序如下：

第一步：交易发起者将转让信息传播到分布式网络中。

第二步：“矿工”或验证节点检查触发条件是否被满足，发起者是否拥有 A 地址的操作权限，以及 A 地址中的 Token 数量是否超过 X。其中，触发条件如果取决于区块链外的信息，就需要预言机。对 A 地址的操作权限往往体现为相关签名操作（包括多重签名），也可以体现为哈希时间锁。转让数量 X 既可以由交易发起者设定，也可以由公式来决定，从而实现或有支付（Contingent Payment）或复杂的偿付结构（Payoff Structure）。

第三步：如果“矿工”或验证节点确认上述前置条件均满

① 《金融基础设施、科技创新与政策响应——周小川有关讲座汇编》（杨燕青、周徐编）第21~22页。

足，就执行这笔交易。执行结果只有“成功”和“失败”两种，不存在中间情形。

去信任化的优势体现在两个方面。一是交易条款用分布式账本脚本语言体现，不会造成理解上的分歧。二是“矿工”或验证节点按规则处理交易，“矿工”或验证节点本身是“竞争上岗”，使交易被自动处理且难以被屏蔽。

2. 超额抵押与流动性占用、顺周期性问题

智能合约对转入地址没有要求，对转出地址则有非常强的要求：如果转出地址 A 中的 Token 数量低于 X，交易就会失败。如何保证转出地址中有足够数量的 Token？很遗憾，这个问题超出了技术范畴。区块链地址有匿名性，其控制者可以拥有多个地址，并且很容易在不同地址之间切换。因此，区块链地址很难成为责任主体。这是去信任化的体现，同时也带来了信用风险管理问题。

考虑一个基于智能合约的债务合约：某一时点从 A 地址往 B 地址转 X 数量的 Token，一段时间后从 B 地址往 A 地址转 Y 数量的 Token。在后一时点，只靠技术难以保障 B 地址的 Token 数量超过 Y，也就无法保障债务履约。这说明，智能合约尽管有去信任化的特点，但无法消除信用风险。这是根据智能合约构建区块链内贷款、债券和衍生品等面临的共同问题。解决方法是对还款地址设置超额抵押（Over-collateralization）。

超额抵押现象普遍存在于 DeFi 借贷和链下支付通道（以比特币闪电网络为代表）等场景中。

去信任化程度与抵押品要求同向变化——去信任化程度越高，抵押品要求越高。这个关系不仅限于区块链领域，也存在于很多经济领域中。在任何经济活动中，只要存在跨期还款，债务人在未来时点的还款意愿和能力就是一个重要问题。抵押品是最常见的履约保障措施，而还款人的信用可以抵补一部分抵押品要求。比如，在企业贷款中，银行对借款企业了解越多，在同等情况下对企业的抵押品要求越低。然而区块链地址一般不关联现实身份，其行为就不可能在重复博弈中受到制约，也就没有任何声誉和信用可言。在这种情况下，完全去信任化，就需要超额抵押以保障未来还款。

超额抵押会造成三个方面的问题。一是流动性占用。流动性在任何时候都是稀缺资源。任何资产用于抵押，就意味着放弃其他收益更高的用途。比如，加密货币被抵押，意味着放弃在价格高点出售的权利。价格波动性越大，或抵押期越长，流动性占用造成的成本越高。二是影响风险定价效率。比如，在 DeFi 借贷中，还款由超额抵押保障，而与债务人的信用无关，因此借款利息不包含针对债务人的风险溢价。这使 DeFi 借贷的资源配置效率不高。而在不同市场机制的竞争中，资源配置效率不高的机制在长期无法胜出。三是顺周期性。在抵押品价值下跌时，抵押品对债务履约的保障作用减弱。当减弱到一定程度时，抵押品就会被处置。处置抵押品会再次压低抵押品价值，从而进一步减弱对债务履约的保障。

3. 多重身份攻击和串谋攻击问题

去信任化还会造成多重身份攻击和串谋攻击。下面用二次融资（Quadratic Financing）的例子说明[①]。二次融资的合理性依赖于一个假设：组织者能可信地辨别不同参与者的身份，然而区块链地址的匿名性容易造成套取补贴的情况。首先，假设一个人控制多个地址，并将自己的资金分散到这些地址中，他在二次融资下将放大可获取的补贴。如果这个过程不受限制，能无限“换马甲”进行分拆投资，那么他可获得的补贴在理论上是没有上限的。这相当于针对二次融资的多重身份攻击。其次，假设多个人串谋发起一个假项目，他们在二次融资中套取的补贴可以超过自身的投入资金。如果他们在套取补贴后就解散项目，把补贴分掉获利，那么就形成了串谋攻击。

Gitcoin Grants（一个为以太坊开源项目周期性提供资金的众筹平台）在二次融资中运用 Github 这个代码托管服务来防范上述两类攻击。Github 在注册时有反多重身份和反机器人机制，能有效提高多重身份创建的难度。除此之外，该平台利用定期检验方式（主要针对账户龄、Github 贡献值以及活跃程度等）来判断是否为多重身份攻击。这相当于借助了第三方的身

① 关于二次融资的详细讨论请见 https://www.chainnews.com/articles/301483808469.htm。

份管理机制。可以看出，该平台的做法和前文介绍的预言机项目 ChainLink 做法有逻辑相通之处。

总的来说，去信任化尽管有其优点，但也可能出现超额抵押与流动性占用、顺周期性问题，以及多重身份攻击和串谋攻击问题。因此，不应不分场合地追求去信任化。比如 DeFi 借贷如果不能突破超额抵押，发展瓶颈将非常明显。

有机融合技术和机制设计

在任何经济活动中，参与者之间必须都有一定程度的信任关系，否则交易成本会非常高。信任是经济活动的“润滑剂”。前文已讨论了去信任化的局限。信任的产生是非常复杂的问题。一方面，技术可以产生信任。比如，椭圆曲线数字签名算法签名很难被伪造，一个合法签名肯定意味着签名者掌握私钥。另一方面，机制设计也可以产生信任，比如验证系统、声誉系统和认证服务。在区块链领域，技术和机制设计将产生融合，下面用哈希时间锁的例子说明。

哈希时间锁是去中心化和去信任化环境中进行条件支付（Conditional Payment）的基础，是理解数字货币和数字资产的可编程性的一个关键。除了对密码学的应用，哈希时间锁的核心是“序贯博弈”。多个哈希时间锁可以组成“多跳支付”模式，是比特币闪电网络支付通道的基础，也在用央行数字货币进行跨境支付方面有广泛应用，被很多中央银行关注。相向而行的哈希时间锁可以组成原子交换，在区块链应用于证券结算以及去中心化交易所中有重要体现。日本银行与欧洲央行合作的 Stella 项目就测试了哈希时间锁在券款对付（Delivery Versus Payment，DVP）中的应用。

技术和机制设计融合的必要性还源于可编程性的局限。现实中，很多经济和社会活动不可能完全用编程语言来表达。比如，智能合约难以处理不完全契约（Incomplete Contract）。人是有限理性的，不可能预见未来所有可能的情形，即便预见到也无法写进契约，因此契约注定是不完美的。这就是现实中法律合同存在的例外情形，以及发生争端时需要司法仲裁的原因。智能合约作为计算机协议，没法在编制时就考虑到未来所有可能的情况。在出现这种情况时，就需要通过机制设计来弥补智能合约的不足。

区块链在融合技术与机制设计方面有很多值得尝试的创新。这源于区块链的双重属性：既有技术属性，更有经济和治理属性。区块链应用不是单纯的技术问题。区块链技术尽管是第一位关注对象，但技术进步有自身规律，在性能拓展、跨链和隐私保护等方面不能急于求成。在技术进步放缓时，区块链经济和治理机制有巨大拓展空间，而且能弥补技术进步的不足。这方面的代表性例子是比特币。分布式网络、分布式计算、非对称加密和哈希算法等比特币基础技术，在中本聪写的比特币白皮书之前就已经被发明出来了。虽然在中本聪之前就有不少人试图运用这些技术来设计数字货币，但都没有取得实质性进展。直到中本聪引入博弈论设计，用经济机制设计把这些技术有机结合在一起，才使数字货币成为可能。在围绕以太坊 2.0 的讨论中，有很多核心问题也属于博弈论和资产定价的范畴。

发挥数字货币与数字资产的可编程性

价值结算伴随资源配置进行，而大部分资源配置是在不确定性情况下、在时间和空间两个维度上进行的。因此，区块链要成为大规模价值结算协议，必须理解与区块链有关的货币和金融形态，也就是基于区块链 Token 模式的数字货币和数字资产。数字货币和数字资产与传统形式的货币和资产的一个关键区别是可编程性。可编程性源于区块链脚本语言，体现为多重签名、哈希时间锁和智能合约等。可编程性既是区块链应用于金融的基础，更使基于区块链对多方协作进行的自动化价值计量、价值分配和价值结算成为可能。

对数字货币和数字资产，此处的界定方法与其他文献不同。首先，此处所指的数字货币仅限于央行数字货币和全球稳定币，标准是同时具备交易媒介、记账单位和价值储藏这三项基本的货币功能。姚前在《法定数字货币对现行货币体制的优化及其发行设计》(《国际金融研究》2018 年 4 月）中讨论了央行数字货币的可编程性，提出通过“前瞻条件触发”（Forward Contingent）设计，让央行数字货币解决传导机制不畅、逆周期调控困难、货币“脱实向虚”和政策沟通不足等传统货币政策困境。他提出时点条件触发、流向主体条件触发、信贷利率条件触发和经济状态条件触发等创新设计（见图 4.1）。

其次，此处所指的数字资产有三种类型。第一种是原生于区块链的加密资产（Crypto Asset）。加密资产形式多样，一般具有以下共同特征：一是加密资产发行由算法决定，与现实世界的资产或信用无关。二是加密资产用途人为赋予，可以作为支付工具购买一般商品或服务，也可以作为凭证兑换某些特定商品或服务，还可以代表特定场景下的收益权或特定社区治理权，并依次分为支付型、证券型和功能型三类。支付型加密资产的代表是比特币和以太币。然而如前文指出的，由于具有价格高波动性，支付型加密资产作为支付工具的表现很一般。功能型加密资产的发行在很多场合与商品或服务的预售联系在一起，是项目方为自己将要提供的商品或服务进行的筹资。证券型加密资产属于证券监管范畴，发行和交易都要遵守所在国的证券法，其判定标准以美国证交会的豪威测试为代表。

第二种是现实世界资产（比如证券）的 Token 凭证。其价值来自所挂钩的资产或信用，同时发挥区块链的交易即结算和可编程性等特点。这种数字资产在经济逻辑上与稳定币类似，只是后者挂钩法定货币或法定货币篮子，前者可以挂钩证券、实物资产甚至是隐私数据的使用权。这种数字资产的经济合理性在于：一是可能把非流动性资产切割成可以流通转让的标准

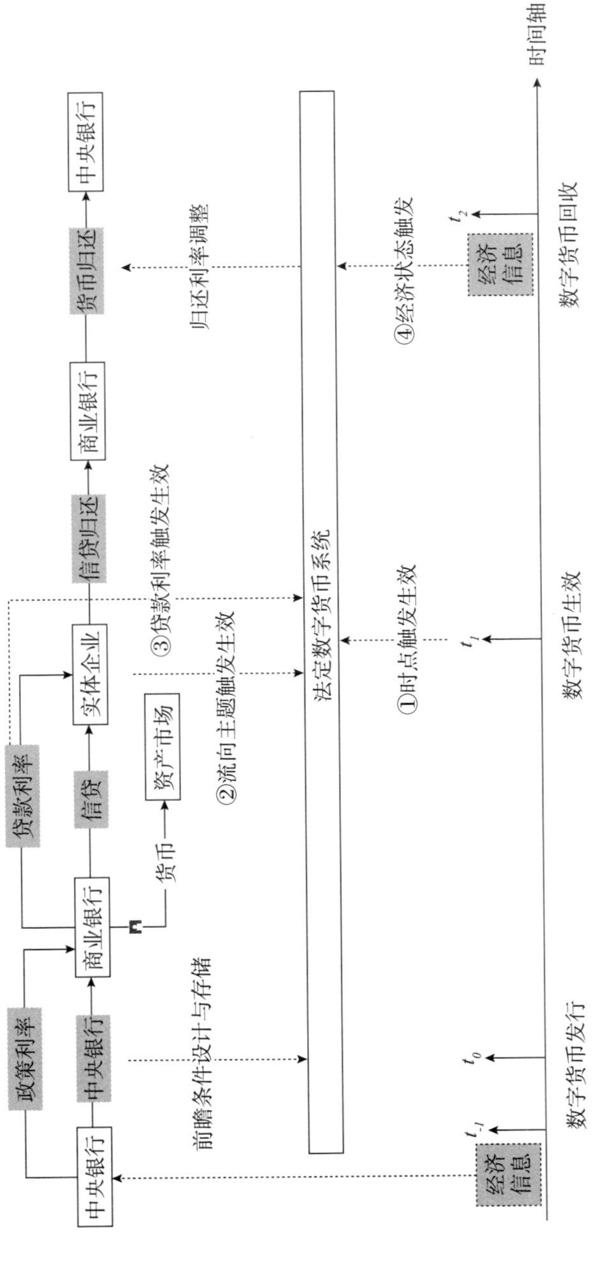

图 4.1　央行数字货币的“前瞻条件触发”设计

化份额，提高市场流动性。不过，这需要在金融监管框架下运行，特别是遵守投资者适当性规则。二是在挂钩证券时，可以改进金融交易后的处理流程，改变证券托管、交易和结算体系。2017 年，国际清算银行支付和市场基础设施委员会发布研究报告《支付、清算和结算中的分布式账本技术：一个分析框架》。一些证券交易所做过这方面的试验，它们的一个重要发现是：区块链用于金融交易后，只有配合央行数字货币时，才能实现自动实时的券款对付（DvP）和监控资金流向等功能，否则区块链的改进作用并不大。

第三种在现实中虽然还没有，但在理论上成立，可以将其称为“原生数字金融资产”，是基于央行数字货币的可编程性构造金融资产。这种数字资产有三个核心特征：一是原生于区块链，而非作为现实世界资产的 Token 凭证；二是用可编程性来表达金融契约；三是价值基础是央行数字货币。原生数字金融资产可能实现新的资金融通方式，以及管理、对冲和转移现实金融风险的新渠道。下面以一个原生数字债券为例说明。

假设 t=0 时刻，企业 A 向投资者 B 和 C 发债融资 100 元，投资者 B 和 C 各认购 50 元。债券票面利率为 4%，于 t=0.5 和 t=1 时刻各付息一次，于 t=1 时刻到期还本金。假设所有资金融通均通过央行数字货币实现，在 t=0.5 和 t=1 时刻由中心化预言机从链外读入时间信息并触发智能合约。表 4.1 给出了原生数字债券有关的资金和证券活动特征。

表 4.1　原生数字债券

时刻	资金活动	证券活动
t=0	投资者 B 地址→企业 A 地址 50 元 投资者 C 地址→企业 A 地址 50 元	创设如下智能合约： t=0.5：企业 A 地址→投资者 B 地址 1 元 企业 A 地址→投资者 C 地址 1 元 t=1：企业 A 地址→投资者 B 地址 51 元 企业 A 地址→投资者 C 地址 51 元
t=0.5	企业 A 地址→投资者 B 地址 1 元 企业 A 地址→投资者 C 地址 1 元	t=0.5 时刻的智能合约条款被触发
t=1	企业 A 地址→投资者 B 地址 51 元 企业 A 地址→投资者 C 地址 51 元	t=1 时刻的智能合约条款被触发，智能合约执行完毕

投资者 B 和投资者 C 分别持有企业 A 发行的面值为 50 元的债券。接下来考虑债券的二级市场交易。假设在 t=0.6 时刻，投资者 D 用 25.2 元从投资者 C 手中买走其持有的一半债券。表 4.2 显示了原生数字债券交易。

表 4.2　原生数字债券交易

时刻	资金活动	证券活动
t=0.6	投资者 D 地址→投资者 C 地址 25.2 元	重置未执行的智能合约条款： t=1：企业 A 地址→投资者 B 地址 51 元 企业 A 地址→投资者 C 地址 25.5 元 企业 A 地址→投资者 D 地址 25.5 元
t=1	企业 A 地址→投资者 B 地址 51 元 企业 A 地址→投资者 C 地址 25.5 元 企业 A 地址→投资者 D 地址 25.5 元	t=1 时刻的智能合约条款被触发，智能合约执行完毕

从表4.1和表4.2可以看出：第一，原生数字债券以代码（智能合约）形式存在于区块链上，不需要中心化托管机构。第二，原生数字债券中的资金和证券活动是自动执行的，没有操作风险，效率非常高。第三，原生数字债券交易直接在区块链上完成产权变更，这会对债券流动性风险产生显著影响。第四，如前文讨论的，只靠智能合约没法保障债券履约，因此原生数字债券有信用风险。这些逻辑，对基于央行数字货币的可编程性构造股票类、保险类和衍生品类等原生数字金融资产都成立。①

最后，此处对数字货币和数字资产有两点评论。第一，技术可以改变金融产品、活动和机构等的形式，但不会改变金融功能，区块链也不例外。金融有六项基本功能：支付清算；资金融通和股权细化；为实现经济资源的转移提供渠道；风险管理；信息提供；解决激励问题。数字货币和数字资产也有这六项基本功能，然而在具体表现上与传统形式的货币和金融资产有很大差异。这方面有很大的创新和想象空间。

第二，可编程性可以解耦原先绑定在一起的金融功能，还可以把原本不相干的金融功能组合在一起。比如，传统上认为，货币的三项基本功能（交易媒介、记账单位和价值储藏）是不

① 根据金融理论，在完全市场下，每一种未来状态都存在与之对应的单位证券(仅在该未来状态下收益为1，而在其他未来状态下收益均为0)，称为阿罗－德布鲁证券，而其他金融资产都可以表述成阿罗－德布鲁证券的线性组合。假设阿罗－德布鲁证券的收益以央行数字货币来支付，由预言机来读入未来状态并触发智能合约，就能得到表4.1和表4.2的一般形式。

可分割的。普林斯顿大学马科斯·布鲁纳米尔教授（Markus Brunnermeier）与合作者在2019年的一篇工作论文里讨论了数字化对货币的影响。[①] 他们认为，一方面，货币的多重功能可能被分拆，使承担特定功能的货币之间出现更激烈的竞争。另一方面，数字货币与平台生态的结合，可能重新组合货币功能。特别是，支付和一系列数据服务打包，使不同平台更趋差异化。本质上，他们研究的问题是：可编程性解耦多重货币功能，突出某一方面功能，并与平台生态结合以形成差异化。

因此，当我们讨论数字货币与数字资产的时候，需要意识到：第一，它们对应的资产可以丰富多样（货币只是其中最简单的一种），并伴随流动性创造和金融深化。第二，可编程性不仅是数字化，更是程序化和智能化。第三，可编程性对金融功能的解耦和组合，使数字货币和数字资产能够实现灵活的权益赋予、转让和保护等功能。

数据要素的特征、价值和配置机制[②]

2020年4月9日，中共中央、国务院发布《关于构建更加完善的要素市场化配置体制机制的意见》，首次将数据与土地、

① Brunnermeier, Markus, Harold James, Jean-Pierre Landau, 2019, “货币的数字化”, *NBER* 工作论文 No. 26300. 网址：https://www.nber.org/papers/w26300。

② 此部分由万向区块链邹传伟团队在肖风博士的指导下完成。

劳动力、资本、技术等传统要素并列为要素之一，提出要加快培育数据要素市场，包括推进政府数据开放共享、提升社会数据资源价值和加强数据资源整合及安全保护等三方面工作。

数据作为要素是一个新命题，有大量前沿问题需要研究。在文献中，相关问题归属于数据经济（Data Economy）范畴。数据经济指数据收集、组织、使用、分享、流转和管理等活动组成的经济生态。德勤和阿里研究院认为数据资产并不完全符合会计准则中对于“资产”及“无形资产”的定义。[①] 剑桥大学研究报告《数据的价值》对数据经济的理论、实践和政策问题进行了全面综述。[②] 李小加提出组建数据要素产业化联盟，梳理数据经济中八方面的重要问题。[③] 于施洋等分析了我国深化数据要素市场化配置面临的挑战，提出搭建公共平台、完善市场条件、研究配套政策、推动协同联动、优化市场结构等方面政策建议。[④] 不过，但从国内外研究来看，数据经济是一个方兴未艾的领域，而且学术研究略显落后于行业和监管实践，有不少新概念、新问题和新机制值得梳理。

---

① 德勤和阿里研究院，2019，《数据资产化之路——数据资产的估值与行业实践》。

② 班尼特公共政策研究所，2020，数据的价值，https://www.bennettinstitute.cam.ac.uk/research/research-projects/valuing-data/。

③ 李小加，2020，《呼吁成立“数据要素产业化联盟”》，香港交易所。

④ 于施洋、王建冬和郭巧敏，2020，《中国构建数据新型要素市场体系面临的挑战与对策》，《电子政务》2020年第3期。

数据要素的技术特征和经济学特征

1. 数据的技术特征

什么是数据？与通常认为的不同，这是信息科学中一个基本又复杂的问题，并且没有显而易见的答案。对数据的理解离不开对信息和知识等相关概念的辨析。艾考夫在 1989 年提出了 DIKW 模型（见图 4.2），D 指数据（Data），I 指信息（Information），K 指知识（Knowledge），W 指智慧（Wisdom）。[①] DIKW 模型在信息管理、信息系统和知识管理等领域有广泛应用，不同研究者从不同角度给出了不同解释，罗利在 2007 年进行了综述。此处不深入讨论 DIKW 模型，只在罗利 2007 年的基础上梳理数据的技术特征中与经济学分析最相关的部分。

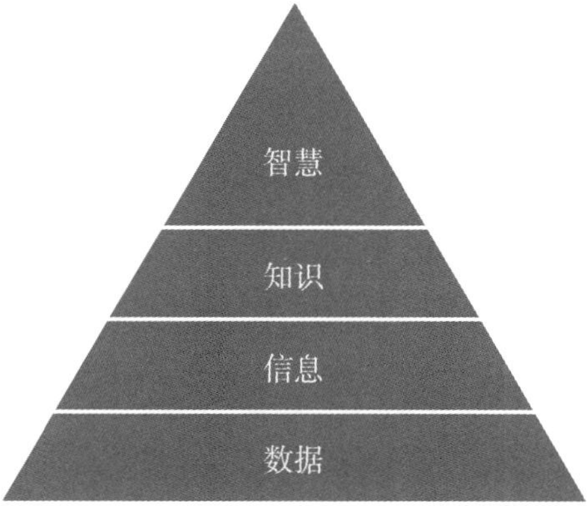

图 4.2　DIKW 模型

---

① 艾考夫，1989，《从数据到智慧》，《应用系统分析期刊》，16：3-9。

第一，智慧、知识、信息和数据之间依次存在从窄口径到宽口径的从属关系。从数据中可以提取出信息，从信息中可以总结出知识，从知识中可以升华出智慧。这些提取、总结和升华都不是简单的机械过程，是依靠不同方法论和额外输入（比如应用场景和相关学科的背景知识）。因此，信息、知识和智慧尽管也属于数据的范畴，但是属于“更高阶”的数据。

第二，数据是观察的产物。观察对象包括物体、个人、机构、事件以及它们所处的环境等。观察是基于一系列视角、方法和工具进行的，并伴随着相应的符号表达系统，比如度量衡单位。数据就是用这些符号表达系统记录观察对象特征和行为的产物。数据可以采取文字、数字、图表、声音和视频等形式。在存在形态上，数据有数字化的，也有非数字化的（比如记录在纸上）。然而随着信息和通信技术的发展，越来越多数据被数字化，在底层都表示成二进制。

第三，数据经过认知过程处理后得到信息，给出关于谁（Who）、什么（What）、何处（Where）和何时（When）等问题的答案。信息是有组织和结构化的数据，与特定目标和情景有关，因此具有价值和意义。比如，根据信息论，信息能削减用熵度量的不确定性。

第四，与数据和信息相比，知识和智慧更难被准确定义。知识是对数据和信息的应用，给出关于如何做的答案。智慧则有鲜明的价值判断意味，在很多场合与对未来的预测和价值取向有关。

接下来用以计量经济学为例说明 DIKW 模型。计量经济学是经济学实证分析的主要方法。实证分析基于观察，回答“是什么”的问题。在计量经济学中，观察的对象通常被称为样本，可以是个人、机构、地区甚至国家。从不同角度观察样本，对应计量经济学中的变量概念。从不同角度观察一组样本得到横截面数据，而在不同时点上持续从同一角度观察得到时间序列数据，横截面数据和时间序列数据的综合则是“面板数据”。这些类型的数据都是结构化数据。随着越来越多的数据被数字化，以及人工智能和大数据分析方法的发展，半结构化数据和非结构化数据在经济学中也有越来越多应用，比如互联网浏览、点击等数据。

计量经济学从数据中提炼信息，主要包括：一是发现数据中隐含的规律和模式；二是估计模型；三是检验假说。这对应着 DIKW 模型的信息层次。比如，对数据做描述统计，计算变量的平均值、标准差以及变量之间的相关系数等，是从数据中提炼信息的最简单方式之一。虽然计量经济学经常假设遵循数据生成过程，但数据生成过程的模型形式和参数取值未知，并且随机干扰会为观察带来误差。计量经济学根据观察到的数据，估计数据生成过程，再据此检验假说。人工智能和大数据分析方法对数据的处理更为灵活，分为预测型分析和描述型分析。预测型分析是根据某些变量的取值，预测另外一些变量的取值。

描述型分析是导出、概括数据中潜在联系的模式，包括相关、趋势、聚类、轨迹和异常等。两类分析体现为分类、回归、关联分析、聚类分析、推荐系统和异常检测等具体方法。

根据计量经济学分析结果提出政策建议，对应着 DIKW 模型的知识层次。很多政策研究属于规范分析，回答“应该是什么”的问题。经济学关于经济均衡、经济增长、宏观调控、价格机制、微观激励和风险定价等方面的洞见，对应着 DIKW 模型的智慧层次。

一般而言，数据的技术特征主要包括以下维度：

- 数据的样本分布、时间覆盖和变量 / 属性 / 字段等。
- 数据容量，比如样本数、变量数、时间序列长度和占用的存储空间等。
- 数据质量，比如样本是否具有代表性，数据是否符合事先定义的规范和标准，观察的颗粒度、精度和误差，以及数据完整性（比如是否有数据缺失情况）。
- 数据的时效性。鉴于观察对象的特征和行为可以随时间变化，数据是否还能反映观察对象的情况？
- 数据来源。有些数据来自第一手观察，有些数据由第一手观察者提供，还有些数据从其他数据推导而来。数据可以来自受控实验和抽样调查，也可以来自互联网、社交网络、物联网和工业互联网等。数据可以由人产生，也可以由机器产生。数据可以来自线上，也可以来自线下。

- 数据类型，包括是数字化还是非数字化的，是结构化还是非结构化的，以及存在形式（文字、数字、图表、声音和视频等）。
- 不同数据集之间的互操作性和可连接性，比如样本身份是否统一，变量定义是否一致，以及数据单位是否一致等。
- 是否为个人数据。个人数据在隐私保护上有很多特殊性，需要专门讨论。

2. 数据的经济学特征

与数据的技术特征相比，数据的经济学特征要复杂得多。数据可以产生价值（见后文），因此具有资产属性。数据兼有商品和服务的特征。一方面，数据可存储、可转移，类似商品。数据可积累，在物理上不会消减或腐化。另一方面，很多数据是无形的，类似服务。数据作为资产具有很多特殊性，可以从表 4.3 的视角进行分析。

表 4.3 公共产品、准公共产品和私人产品的分类

	排他性的	非排他性的
竞争的	私人产品	公共资源
非竞争的	俱乐部产品	公共产品

非竞争性指的是，当一个人消费某种产品时，不会减少或

限制其他人对该产品的消费。换言之，该产品每增加一个消费者，所带来的边际成本等于零。大部分数据可以被重复使用，重复使用不会降低数据质量或容量，并且可以被不同人在同一时间使用，因此具有非竞争性。

非排他性指的是，当某人在付费消费某种产品时，不能排除其他没有付费的人消费这一产品，或者排除的成本很高。很多数据是非排他性的，比如天气预报数据。不过，通过技术和制度设计，有些类型的数据有排他性。比如，一些媒体信息终端采取付费形式，只有付费会员才可以阅读。

根据表 4.3，很多数据属于公共产品，可以由任何人为任何目的而自由使用、改造和分享。比如，政府发布的经济统计数据和天气预报数据。一些数据是俱乐部产品，属于准公共产品，比如前面提到的收费媒体信息终端。大部分数据是非竞争性的，因此属于私人产品和公共资源的数据较少。

数据的所有权不管是在法律上还是在实践中都是一个复杂问题，特别是对个人数据而言。数据容易在未经合理授权的情况下被收集、存储、复制、传播、汇集和加工，并且数据汇集和加工伴随着新数据的产生。这不仅使数据的所有权很难界定清楚，而且很难被有效保护。比如，在互联网经济中，互联网平台记录下用户的点击、浏览和购物历史等，是非常有价值的数据。这些数据尽管描述了用户的特征和行为，但不像用户个人身份信息那样由用户对外提供，很难说归用户所有。互联网平台尽管记录和存储这些数据，但这些数据与用户的隐私和利益息息相关，很难任由互联网平台在用户不知情的情况下使用和处置这些数据，所以互联网平台也不拥有完整产权。因此，需要通过制度设计和密码学技术等精巧界定用户作为数据主体以及互联网平台作为数据控制者的权利，这会对他们之间的经济利益关系产生显著影响。

很多文章把数据比喻为新经济的“石油”。这个比喻实际上并不准确。石油是竞争性和排他性的，产权可以清楚界定，作为私人产品形成了现货和期货等复杂的市场交易模式。很多数据难以清晰界定所有权，作为公共产品或准公共产品难以有效参与市场交易。因此，把数据比喻为阳光更为合适。

数据价值的内涵和计量

1. 数据价值的内涵

根据 DIKW 模型，从数据中提炼出信息、知识和智慧，这隐含着数据价值链的概念。原始数据经过处理并与其他数据整合后，再经分析形成可行动的洞见，最终由行动产生价值。

数据价值可以从微观和宏观两个层面理解。在微观层面，信息、知识和智慧既可以满足使用者的好奇心（即作为最终产品），更可以提高使用者的认知，帮助他们更好做出决策（即作为中间产品），最终效果都是提高他们的效用。数据对使用者效用的提高，就反映了数据价值。在宏观层面，信息、知识和智慧有助于提高全要素生产率，发挥乘数作用，这也是数据价值的体现。关于微观层面的数据价值，主要具有以下关键特征。

（1）同样数据对不同人的价值可以大相径庭

第一，不同人的分析方法不一样，从相同数据中提炼出的信息、知识和智慧也会大不一样。比如，在科学史上，很多科学家深入研究一些大众习以为常的现象并做出了重大发现。重物落地的现象之于牛顿，闪电的现象之于富兰克林，海水的蓝色现象之于拉曼，与它们对大众的价值是完全不一样的。再比如，在经济学中，不同的经济学家对同样的经济数据经常做出完全不一样的解读。

第二，不同人所处的场景和面临的问题不一样，同一数据对他们起的作用也不一样。同一数据，对一些人可能是垃圾，对另一些人则可能是宝藏。比如，考古发现对历史研究者的价值很大，对金融投资者则很可能没有价值。再比如，另类数据（Alternative Data）包括个人产生数据、商业过程数据和传感器数据等。这些数据能帮助投资者做投资决策，对非金融投资者则没有太大价值。不同的人可以在不同时间维度上使用同一数据，比如有评估过去的，有分析当前的，有预测未来的，也有做回溯测试的。使用目的不同，对数据的要求不一样，同一数据就意味着不同价值。

第三，不同制度和政策框架对数据使用的限定不一，也会影响数据价值。换言之，数据价值内生于制度和政策。比如，不同国家对个人数据的保护程度不一，个人数据被收集和使用的情况以及产生的价值在不同国家之间有很大差异。我国排名靠前的互联网平台基于用户行为数据推出了在线信贷产品，这在其他国家则不常见。互联网平台获得用户数据后，如果不恰当保护和使用，不尊重用户隐私，将会影响其品牌形象和用户信任，对数据价值和企业价值都会带来负面影响。2020 年 4 月，美国联邦法院批准脸书与美国联邦贸易委员会就滥用用户数据的丑闻达成了 50 亿美元的和解协议。

（2）数据价值随时间变化

第一，数据具有时效性。很多数据一段时间后，因为不能很好反映观察对象的当前情况，价值会下降。这种现象被称为数据折旧。数据折旧在金融市场中表现得非常明显。比如，一个新消息在刚发布时可以对证券价格产生很大影响，然而等到证券价格反映了这个消息后，它对金融投资的价值就急剧降到零。在 DIKW 模型中，将数据提炼为信息、知识和智慧，并且提炼层次越高，就越能抵抗数据折旧。

第二，数据具有期权价值。新机会和新技术会让已有数据产生新价值。在很多场合中，收集数据不仅是为了当下的需求，也有助于提升未来的福利。

（3）数据会产生外部性

第一，数据对个人的价值称为私人价值，数据对社会的价值称为公共价值。数据如果具有非排他性或非竞争性，就会产生外部性，并造成私人价值与公共价值之间的差异。这种外部性可正可负，没有定论。

第二，数据与数据结合的价值，可以不同于它们各自价值之和，这是另一种外部性。但数据聚合是否增加价值，也没有定论。一方面，可能存在规模报酬递增情形，比如更多数据更好地揭示了隐含的规律和趋势。另一方面，可能存在规模报酬递减情形，比如更多数据引入更多噪声。总的来说，数据容量越大，数据价值不一定越高，数据内容也很重要。比如，在长达 1 小时的视频监控数据中，有价值的数据可能仅有 1~2 秒。

2. 数据价值的计量

（1）绝对估值

鉴于数据价值的三个关键特征，数据的绝对估值比较难，没有公认方法。目前行业实践中有几种主要方法，但都有缺陷。①

第一，成本法。也就是将收集、存储和分析数据的成本作为数据估值基准。这些成本有软件和硬件方面的，也有知识产权和人力资源方面的，还有因安全事件、敏感信息丢失或名誉损失而造成的潜在成本。数据收集和分析一般具有高固定成本、低边际成本特征，从而有规模效应。尽管成本法便于实施，但

① BIPP，2020；德勤和阿里研究院，2019，《数据资产化之路——数据资产的估值与行业实践》。

很难考虑同样数据对不同人、在不同时间点以及与其他数据组合时的价值差异。另外，德勤和阿里研究院指出，一些数据是企业生产经营的附加产物，获取成本通常难以从业务中划分出来，因此难以可靠计量。显然，数据价值不一定高于成本，这说明不是所有数据都值得收集、存储和分析。

第二，收入法。也就是评估数据的社会和经济影响，预测由此产生的未来现金流，再将未来现金流折现到当前。收入法在逻辑上与公司估值中的折现现金流法类似，能考虑数据价值的三个关键特征，在理论上比较完善，但实施中则面临很多障碍。一是对数据的社会和经济影响建模难度很大。二是数据的期权价值如何评估。虽然实物期权估值法是一个可选方法，但并不完美。

第三，市场法。也就是以数据的市场价格为基准，评估未在市场交易的数据的价值。市场法类似股票市场的市盈率和市净率估值方法。市场法的不足在于，很多数据是非排他性的或非竞争性的，很难参与市场交易。目前，数据要素市场有一些尝试，然而市场深度和流动性都不够，价格发现功能尚不健全。另外，一些公司兼并收购价格包含着对数据的估值，因此不易分离出来。

第四，问卷测试法。这个方法主要针对个人数据，通过问卷测试个人以什么价格出售或保护自己的数据，从而评估个人数据的价值。这个方法应用面非常窄，实施成本较高。

（2）相对估值

数据相对估值目标是，给定一组数据以及一个共同的任务，评估每组数据对完成该任务的贡献。与绝对估值相比，相对估值要简单一些，特别是针对定量的数据分析任务。数据相对估值说明，同一数据应用于不同任务，使用不同分析方法，或与不同数据组合时，体现出的价值是不同的。特别是，偏离数据集合“主流”的数据，在相对估值上可能比靠近数据集合“主流”的数据高，这体现了“异常值”（Outlier）的价值。

3. 数据要素的配置机制

在现实中，数据有多种类型和不同特征，相应产生了不同的配置机制。因为很多数据不适合参与市场交易，很多配置机制不属于市场交易模式。换言之，市场化配置不等于市场交易模式。这些机制都致力于解决数据要素配置中的两个突出问题。

第一，信息不对称。数据要素配置机制涉及多个利益不一致的参与方。比如，数据主体往往不清楚自己的数据在何时、因何目标或有何后果而被收集。数据生产者不清楚数据主体是否选择性披露数据，以及在知道自己的数据被收集时是否会有针对性地调整行为，也不清楚生产出的数据对不同数据使用者的价值。数据使用者在事前很难完全了解数据对自己的价值。比如，数据相对估值就是在事后进行的。

第二，非完全契约。数据要素配置机制都可以表示成一系列契约的组合。然而，数据应用有丰富场景，数据价值链有多个环节，数据价值缺乏客观的计量标准，这些因素使数据要素配置机制很难在事前覆盖所有可能出现的情况。这既会影响数据主体分享数据以及数据生产者生产数据的积极性，也会影响数据价值在数据价值链中的不同贡献者之间的合理分配。

接下来，按照数据的经济学特征以及应用场景，讨论有代表性的数据要素配置机制。

（1）作为公共产品的数据

数据作为公共产品时，由私人部门提供会存在投资不足和供给不足的问题，一般由政府部门利用税收收入提供。政府部门的数据开放和共享项目可以在这个框架下理解。政府部门应该在不涉密的前提下，尽可能向社会和市场开放政府数据，这样才能最大化政府数据的公共价值。

2009 年，美国联邦政府推出数据开放门户网站 Data.gov，为之前分散在联邦政府不同机构的网站上的数据统一提供托管平台。2019 年，美国《开放政府数据法案》要求，除涉及国家安全和其他特殊原因的数据，联邦政府应该在线发布它们拥有的数据，并且这些公开数据采取标准化、机器可读的形式。

2016 年以来，我国颁布《政务信息资源共享管理暂行办法》《公共信息资源开放试点工作方案》等一系列文件，开启政务数据共享开放进程。《关于构建更加完善的要素市场化配置体制机制的意见》提出的第一个工作方向就是推进政府数据开放共享。

（2）作为准公共产品的数据

作为准公共产品的数据在所有权上较为清晰，并且具有排他性，包括以下三种主要的配置机制。

第一，付费订购模式。作为俱乐部产品的数据，可以采取付费订购模式，比如收费媒体信息终端。

第二，开放银行模式。银行通过应用程序接口将用户数据开放给经授权的第三方机构，以促进用户数据的开发使用。银行既限定哪些用户数据可开放，也限定向哪些机构开放。实际上部分实现了用户数据的可携带性。

第三，数据信托模式。数据信托可以采取不同形式，比如法律信托、契约、公司以及公共和社区信托等。数据信托的主要目标包括：使数据可被共享；促进公共利益以及数据分享者的私人利益；尊重那些对数据有法律权利的人的利益；确保数据以合乎伦理和数据信托规则的方式共享。

（3）互联网平台的 PIK（Pay-in-kind）模式

前文已提到，在互联网经济中，如果个人数据不是由用户对外提供，而是来自互联网平台对用户特征和行为的观察与记录，那么所有权就很难界定。现实中，互联网平台经常为用户提供免费资讯和社交服务，目标是扩大用户量，并获得用户的注意力和个人数据（比如用户喜好、消费特征和社会联系等）。在这个模式中，可以认为是用户用自己的注意力和个人数据换取资讯和社交服务，因此被称为 PIK 模式（见图 4.3）。互联网平台一方面通过广告收入变现用户流量，另一方面基于用户个人数据进行精准营销和开发信贷产品等。

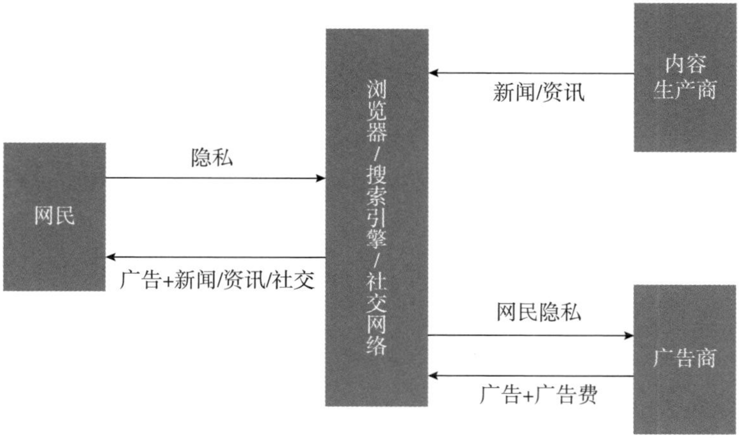

图 4.3　互联网平台的 PIK 模式

PIK 模式主要存在三个弊端：第一，互联网平台与用户之间地位不平等，容易在未经用户授权的情况下收集用户数据，或过度收集用户数据，或把从甲业务中收集到的个人数据用于乙业务，从而造成隐私侵犯和数据滥用。第二，互联网平台如果形成捕获性生态，会锁定用户，并在事实上控制用户数据。用户很难将自己的数据开放给或迁移到互联网平台的竞争对手。互联网平台通过数据垄断对竞争者构成不公平竞争。第三，难以保证用户提供个人数据后获得了合理报酬。比如，用户是否为不太有价值的资讯而揭示了重要个人信息？互联网平台与用户之间的地位不平等，以及 PIK 模式中不存在的市场定价机制，使用户权益很难被有效保护。

在 PIK 模式下，数据控制者（互联网平台）相对数据主体（用户）处于主导地位，并且数据控制者往往也是数据使用者，而数据主体对自己的数据缺乏控制，在数据产权上有很多模糊不清之处。如何纠正 PIK 模式的弊端，是个人数据管理中的一个核心问题。

（4）数据要素市场

很多数据因为具有非排他性或非竞争性，参与市场交易都面临限制。另外，非排他性或非竞争性造成的外部性，使数据的私人价值与公共价值之间产生差异，市场交易不一定能实现数据的最大社会价值。

在现实中，由于数据类型和特征的多样性，以及数据价值缺乏客观计量标准，目前并不存在一个集中化、流动性好的数据要素市场。然而，数据的点对点交易（类似场外交易）一直在发生，比如另类数据市场。这个市场中存在大量的另类数据提供商。它们对数据的处理程度从浅到深大致可分为原始数据提供者、轻度处理数据提供者和信号提供者。这个市场已发展出咨询中介、数据聚合商和技术支持中介等，作为连接数据买方（主要是投资基金）和数据提供方之间的桥梁。其中，咨询中介为买方提供关于另类数据购买、处理及相关法律事宜的咨询，以及数据供应商信息。数据聚合商提供集成服务，买方只需和它们协商即可，无须进入市场与分散的数据提供商打交道。

技术支持中介为买方提供技术咨询，包括数据库和建模等。可见，另类数据市场的发展已很完善，形成了丰富的分工合作关系，然而这个市场仍很不透明且非标准化。这是目前数据交易面临的普遍问题。更不容忽视的是非法数据交易，比如交易个人隐私数据的“数据黑市”和“数据黑产”。2019 年以来，我国对“数据黑产”展开了集中整顿。

如何建立合规有效的数据要素市场？一个可行选项是使用密码学技术，包括可验证计算（Verifiable computing）、同态加密（Homomorphic encryption）和安全多方计算（Secure multi-party computation）等。[①] 对复杂的计算任务，可验证计算会生成一个简短证明。只要验证这个简短证明，就能判断计算任务是否被准确执行，不需要重复执行计算任务。在同态加密和安全多方计算下，对外提供数据时，采取密文而非明文形式，从而使数据具备排他性。这些密码学技术支持数据确权，使在不影响数据所有权的前提下交易数据使用权成为可能，从而构建数据交易的产权基础，并影响数据主体和数据控制者的经济利益关系。区块链技术用于数据存证和使用授权，也在数据产权界定中发挥了重大作用。后文将详细讨论，除了技术，数据产权界定也可以通过制度设计来实施。

---

① PlatON 项目资料，2018，“PlatON：一个高效率的去信任计算网络”，https://www.platon.network/static/pdf/en/PlatON_A%20High-Efficiency%20Trustless%20Computing%20Network_Whitepaper_EN.pdf。

即便如此，基于密码学的数据要素市场也不同于传统市场。首先，同一数据在加密后可以同时向多方提供，因此仍然是非竞争性的，除非数据使用者与数据控制者之间签署保密协议，要求后者不得再将数据提供给其他人使用，或者数据具有很强的时效性，一经使用就会很快失去价值。换言之，数据很难成为私人产品，从而很难像私人产品那样参与市场交易。其次，同一数据对不同人的价值差别很大。这使在基于密码学的数据使用权交易中，应用场景对数据价值的影响，可能超过了数据本身特征和内容的影响，从而很难从数据交易价格中提炼出有价值的定价信息。因此，基于密码学的数据要素市场不会采取“对同一商品，多个买方竞价，价高者得”的要素配置模式。

需要说明的是，数据要素市场不一定都是简单的撮合买卖模式，也会存在其他复杂的模式。比如，资讯服务公司——Markit 公司建立 CDS（Credit Default Swap，信用违约互换）定价数据服务的模式就值得研究。国际金融危机之前，CDS 是纯粹的场外交易，信息披露很不完善。CDS 头寸是金融机构重要的商业机密，很难与其他金融机构分享。参与 CDS 市场的金融机构只知道自己的 CDS 头寸，并不清楚市场的整体情况。CDS 市场没有形成高质量的指数，信息不对称程度很高。Markit 公司成立于 2003 年，其股东包含主要的 CDS 做市商。这些金融机构股东把自己的 CDS 数据上传到 Markit，后者整合得到 CDS 市场数据以收费方式对外提供，包括定价和参考数据、指数产品、估值和交易服务等。Markit 的股东金融机构在不泄露自己商业机密的情况下，不仅从 Markit 的工作中获知 CDS 市场整体情况，还从 Markit 的业务增长中获得投资收益。Markit 尽管没有对数据进行显式定价，但通过股权的利益绑定功能以及数据整合的“1+1 > 2”效应，解决了数据共享中的激励相容问题。这是一个复杂而巧妙的数据交易模式。我国个人征信市场的百行征信公司也可以在类似框架下理解。

（5）数据产权界定

从前文介绍的数据要素配置机制可以看出，数据产权界定是数据要素有效配置的基础。数据产权主要分为所有权和控制权。数据控制权包括谁能使用数据，如何使用数据，以及能否进一步对外分享数据等。在公司治理中，所有权和控制权是统一的——股东拥有，股东大会是公司的最高权力机关。但数据的所有权和控制权可以分离，特别是对所有权不清晰的个人数据。数据产权可以通过技术来界定，比如可验证计算、同态加密和安全多方计算等密码学技术。数据产权还可以通过制度设计来界定。

2018 年 5 月，欧盟开始实施 GDPR（《通用数据保护条例》）。GDPR 给予数据主体广泛权力：第一，被遗忘权，指数据主体有权要求数据控制者删除其个人数据，以避免个人数据被传播。第二，可携带权，指数据主体有权向数据控制者索取本人数据并自主决定用途。第三，数据主体在自愿、基于特定目的且在与数据控制者地位平衡等情况下，授权数据控制者处理个人数据，但授权在法律上不具备永久效力，可随时撤回。第四，特殊类别的个人数据的处理条件，比如医疗数据。GDPR 还提高了对数据控制者的要求：第一，企业作为数据控制者必须在事前数据采集和事后数据泄露两个环节履行明确的告知义务。第二，数据采集与数据使用目标的一一对应原则，以及数据采集（范围、数量、时间、接触主体等）最小化原则。第三，个人数据跨境传输条件。总的来说，GDPR 引入了数据产权的精细维度，包括被遗忘权、可携带权、有条件授权和最小化采集原则等，建立了数据管理的制度范式。这些做法被欧盟以外的很多国家和地区所采纳。2019 年 5 月，我国网信办发布《数据安全管理办法（征求意见稿）》。2019 年 12 月，国家网信办、工信部、公安部和市场监管总局四部门联合印发《App 违法违规收集使用个人信息行为认定方法》。

个人数据管理的核心问题隐私保护。隐私涉及个人与他人、私有与公开的边界，是个人尊严、自主和自由的重要方面[①]。隐私不排斥共享个人信息，而是要有效控制共享过程，在保护和共享个人数据之间做好平衡。对个人数据，控制权和隐私保护的重要性超过所有权。这一点在 GDPR 中有体现。

---

① 阿奎斯蒂，泰勒和瓦格曼，2016，“隐私经济学”，经济文献杂志，54(2)：292-442。

小 结

数据作为信息科学中一个基本但复杂的概念，对其的理解离不开对信息和知识等相关概念的辨析，而 DIKW 模型为此提供了一个合适的分析框架。根据 DIKW 模型，智慧、知识、信息和数据之间依次存在从窄口径到宽口径的从属关系。数据是观察的产物。数据经过认知过程处理后得到信息，给出关于谁、什么、何处和何时等问题的答案。知识是对数据和信息的应用，给出关于如何做的答案。智慧则有鲜明的价值判断意味，在很多场合与对未来的预测和价值取向有关。

数据虽然有多个维度的技术特征，但数据的经济学特征更复杂。数据可以产生价值，因此具有资产属性，数据也兼具商品和服务的特征。很多数据属于公共产品，可以由任何人为任何目的而自由使用、改造和分享。大部分数据是非竞争性的，属于私人产品和公共资源的数据较少。数据的所有权不管是在法律上还是在实践中都是一个复杂的问题，特别是个人数据。

数据经过处理并与其他数据整合后，再经分析形成可行动的洞见，最终由行动产生价值。数据价值在微观层面体现为对使用者效用的提高，在宏观层面体现为从数据中提炼出的信息、知识和智慧对全要素生产率的提高。然而，数据价值缺乏客观计量标准，主要有三方面原因：一是同样数据对不同人的价值可以大相径庭；二是数据价值随时间变化；三是数据会产生外部性。

数据价值的计量包括绝对估值和相对估值。数据绝对估值比较难，没有公认方法。目前行业主要使用成本法、收入法、市场法和问卷测试法，然而这几种方法都存在缺陷。数据相对估值是给定一组数据以及一个共同的任务，评估每组数据对完成该任务的贡献。与绝对估值相比，相对估值要简单一些。

数据有多种类型和不同特征，产生了不同的配置机制。这些配置机制都致力于数据要素配置中的信息不对称和非完全契约问题。本书主要讨论四种配置机制。

第一，作为公共产品的数据，一般由政府部门利用税收收入提供。政府部门应该在不涉密的前提下，尽可能向社会和市场开放政府数据，这样才能最大化政府数据的公共价值。

第二，作为准公共产品的数据如果在所有权上较为清晰，并且具有排他性，可以采取俱乐部产品式的付费模式、开放银行模式以及数据信托模式。

第三，在互联网经济中，很多个人数据的所有权很难界定清楚，现实中常见的 PIK 模式，虽然本质上是用户用自己的注意力和个人数据换取资讯和社交服务，但 PIK 模式存在很多弊端。

第四，很多数据因为具有非排他性或非竞争性，不适合参与市场交易。换言之，市场化配置不等于市场交易模式。现实中并不存在一个集中化、流动性好的数据要素市场。数据的点对点交易（类似场外交易）尽管一直在发生，但很不透明且非标准化，并且非法数据交易是一个不容忽视的问题。

数据产权界定是数据要素有效配置的基础。基于区块链技术，结合可验证计算、同态加密和安全多方计算等密码学方案，能够支持数据确权，使在不影响数据所有权的前提下交易数据使用权成为可能，从而构建数据交易的产权基础。区块链技术用于数据存证和使用授权，也在数据产权界定中发挥重大作用。即便如此，基于密码学的数据要素市场也不同于传统市场，不会采取“对同一商品，多个买方竞价，价高者得”的要素配置模式。

除了技术以外，数据产权还可以通过制度设计来界定。欧盟的《通用数据保护条例》引入了数据产权的精细维度，包括被遗忘权、可携带权、有条件授权和最小化采集原则等，建立了数据管理的制度范式。这些做法被欧盟以外的很多国家和地区所采纳。个人数据管理的核心问题是隐私保护。对个人数据而言，控制权和隐私保护的重要性超过所有权。

第五章

区块链与公共事务

区块链助力公共事务的发展

公共事件的有效治理在全球都是一件几乎不可能完成的任务。盖因其性质上的“公共”特点，导致相关参与方众多、相关利益方多元化、相关关系者复杂、相关方目标不同。

尤其是在信息社会，在复杂的网络背景下，从2003年的“非典疫情”（SARS）到2020年的“新冠肺炎疫情”（COVID-19），我们发现单靠自上而下的治理机制，已经越来越难有效管控。这不仅因为高铁的发展加快了人员在全国范围内的流动速度，更因为互联网尤其是社交网络的发展使得信息发布、传播更为多元。

信息化时代，复杂网络结构带来的复杂社会现象，给全球的公共事务治理带来了很多新的问题；然而数字化技术也给全球公共事务治理创造了很多新的工具。比如人工智能、云计算、区块链等。它们能为防疫抗灾工作做点什么贡献呢？

第一，公共事务的治理往往需要多方信息的互通、互证、互享，而且信息必须有较低的信任成本和及时、高效、可信的特性。分布式账本最基本的技术特点就是数据可由参与各方添加并互证、互认，从而实现不可篡改、不可撤销。公共事务治理中的信息公开、存证、溯源，是一项最好不过的区块链应用了。利用分布式账本技术来做善款的追踪、食品和药品的溯源、促进项目进展的透明度等，早已经是区块链很成熟的解决方案了。

任何突发的公共事件，一定都是全社会短时间内万众瞩目的事件。全国网民昼夜“监工”武汉“火神山”和“雷神山”医院的建设，就是一个明证。给全社会一个可靠、可信、公开、透明的“数学证明”，可能是让全社会最快达成共识、产生公信的最好办法。毕竟，在数学算法的结果上面，所有人都可以自行验证结果的正确与否，就如“1+1=2”的结论，全球 70 多亿人全部认同。关于区块链在这方面的作用，业界已经有不少实践了，此处不再赘述。

第二，公共事务的治理往往需要多方参与，需要大规模的协同作战。全球大多数公共事务的处置不当、处置效果不彰，或者处置效率低下等问题，都与不能很好地协调参与方来有效进行大规模协同作战有关系。区块链被设计成一个多方参与记账、共享一个账本的“总账系统”，并在这样的场景中发挥较大的作用。像以太坊当年就是以建立一个“全球计算机协作网络”为目标的。

公共事务的治理模式不能照搬公司事务的治理模式。自上而下的集中决策机制在面对公共事务治理时，至少在这三方面可能力有不逮：一是无法有力的协调众多的外部或者跨界的参与方；二是对发生在边缘、底层的复杂情况和紧急情况反应不及时，甚至毫无察觉；三是术业有专攻，公共事务的治理需要汇集众多的资源与能力，它不是集中决策机制能够完全涵盖的。本次武汉红十字会处理全球捐赠物资的混乱，反映的就是中心化治理机制在公共事务治理当中的无能为力。医疗物资的仓储、运输、分发，是特殊行业的一门特殊专业，连医院都要依靠专业公司的服务，红十字会自身怎么可能在短时间内建立起这方面的能力呢？

区块链的分布式总账系统，就是一个帮助建立大规模协同作战的技术。它能把不同利益相关方的节点连接起来，让它们承担不同角色并共享和验证数据。

第三，公共事务治理中参与方往往是不同的利益主体，需要尽可能地照顾到各方利益，才能发挥出各方的积极性。清华大学贾西津教授论述过，政府保障责任和社会志愿机制是公共事务治理当中的两种资源配置机制。政府保障责任与社会志愿机制是相辅相成、互为补充、缺一不可的。如果单纯强调对社会志愿机制的统筹调配，会打击社会志愿机制的积极性。因为公共事务治理的非营利特点，吸引各参与方积极参与的利益诉求不是经济利益的分配，所以不能再依靠中心化机构来掌控、评价和分配。社会志愿者的动机可能是同情心、家乡情、社会声誉、慈善公益、个人英雄主义、企业文化、医学研究等。在疫情这样的公共卫生事件中，如何建立一个足够满足这些五花八门的利益诉求的“激励相容”机制？靠原来熟悉的“统筹调配”机制，显然是无能为力的。

在世界越来越扁平化、社交关系越来越虚拟化、机构越来越平台化和网络化、经济和社会活动越来越数字化的时代，为了解决去中心化治理的有效性，区块链应运而生。区块链的激励机制，不是用来解决中心化事务处理模式的激励问题的，而是用来解决利益多元化的、去中心化的利益相关者的有效激励问题。鉴于公共事务治理的非营利性，相关参与方肯定不能单纯用经济手段来调动积极性。尽可能地照顾到所有参与方的不同利益动机，建立一个有效的、激励相容的激励机制，是公共事务治理成败的关键之举。

第四，公共事务治理往往是跨界、跨行、跨专业甚至跨国的。让武汉红十字会非常头疼的药品和医疗器材的存储、运输、分发问题，却是九州通医药公司的日常事务。截至 2020 年 2 月 23 日，停泊在日本横滨的“钻石公主”号游轮已确诊新冠病毒感染人数 691 人，这些游客来自美国、澳大利亚、中国香港等国家和地区；[①] 中国疾病控制中心从一开始就积极向世界卫生组织和全球主要国家通报了在中国发生的疫情及基因分析情报，以寻求全球合作。

---

① 数据来源：http://www.sohu.com/a/375409832_100020595。

这些陌生人或互不隶属的机构，确认合作意向也许并不困难，然而真正开展实质性的合作并共同解决世界性的公共事务问题，往往涉及参与多方的数据交换和数据协同计算。毋庸讳言，各国、各行业、每个人都面临着数据主权、数据产权、数据隐私的确权和保护问题。完善的数据确权和数据隐私保护机制，是跨国、跨行业、跨个人的大规模合作的前提条件。

区块链是分布式账本、共识记账、经济激励、社区治理、隐私保护等元素的结合。在此次防疫抗灾的过程当中，区块链从业者纷纷发问：区块链能够为此贡献什么？例如，基于区块链的善款溯源追踪系统能够极大地提高善款管理的透明度，从而增加人们捐款的积极性。在未来的公共事务的治理当中，也许区块链可以发挥的作用比我们现在能想到的更大。下面将列举区块链在疫情防控中的一些具体场景案例。

区块链在疫情防控中的应用场景①

面对突如其来的新型冠状病毒感染的肺炎疫情，医护人员坚守在疫情一线挽救病患生命，各地爱心人士筹集并捐赠物资。区块链企业和从业人员也积极将区块链技术应用到抗击疫情中，帮助疫区人民共渡难关。

① 此部分由万向区块链邹传伟团队在肖风博士的指导下完成。

区块链在疫情中已经应用的领域

1. 慈善公益

区块链可以在慈善公益中发挥以下四方面的作用。

第一，公开和透明是对慈善公益的基本要求，区块链上可以记录慈善公益中涉及的全部环节和所有信息，包括物资募集、物资分配、物资使用情况等，所有人都可以通过区块浏览器实时监控物资的去向。更低成本、更高效率、更安全地解决信任问题，是区块链的优势。

第二，在传统的慈善公益模式下，很多明星被曝出诈捐的丑闻却难以对他们进行追责。将区块链技术应用到慈善公益后，记录在区块链上的信息不可篡改，如果出现诈捐情况可以迅速追责，这对所有参与者都是一种有力的约束。

第三，在区块链上可以使用智能合约设置善款的使用规则，智能合约自动执行，减少人为干预。所谓“买酱油的钱不能打醋”，通过区块链和智能合约让捐赠者与受助人直接点对点对接，可以真正做到定向捐赠。

第四，区块链具有匿名性的特点，可以根据捐赠者的要求保障捐赠者的隐私。

在这次疫情中，很多区块链公司将区块链技术运用到慈善公益中，这是这次疫情中区块链技术应用最多的领域。

万向区块链联合万向信托打造的“万向慈善信托账户管理

平台”是基于区块链技术的慈善信托账户管理平台，有利于捐赠人直接管理账户体系，并能对捐赠人账户的关键文件和资产进行存证，对关键事件的发生时间进行历史溯源等。目前，已有客户通过该账户管理平台以商品物资形式向新冠肺炎武汉定点医院定向捐赠 500 万元资金，用于为一线医务人员免费提供和配送餐食。

疫情期间，支付宝上线了防疫物资信息服务平台，浙江省医疗物资保障组已在上面发起第一项物资需求清单，其中包括医用口罩、防护服、工作帽等。该平台利用区块链技术，将对物资的需求、供给、运输等环节信息进行审核并上链存证。同时，支付宝还向疫情相关小程序开发者提供区块链算力永久免费、专项资金支持。

由趣链科技开发和提供技术支持、中国雄安集团数字城市公司负责业务运营的慈善捐赠溯源平台“善踪”利用联盟区块链网络，为本次疫情中的慈善捐赠提供全链路可信、高效的解决方案，并得到了复星金服、海尔智家、新湖集团、中企云链等多家企业的支持。

在这次疫情防控工作中，尽管区块链与公益慈善的结合点非常多，但总体应用效果还不是很明显。一是区块链应用到传统领域的程度并不高，社会上对区块链的接纳程度有限；二是疫情增加了信息上链的难度，给核实捐赠信息的真实性带来很大的困难，这对捐赠资金的影响不大，然而对捐赠物资却有很大的影响；三是一些传统的慈善公益组织缺乏流程完全透明的意愿，对于区块链技术的态度比较冷淡。

2. 疫情数据

在疫情数据方面，区块链的分布式、去中心化、不可篡改等特性可以发挥优势，解决公民对疫情的真实数据不了解和对政府部门公布数据不信任的问题。同时，链上数据不可篡改并且可以追溯，如果出现谎报和瞒报的问题能够迅速追责，这对于相关部门是一个有力的约束。

2020 年 2 月 2 日，广州市南沙区疫情防控协同系统正式上线运营。该系统基于“南沙城市大脑”，运用区块链等信息化技术，汇总整合疫情重点关注人员、最新疫情数据、资源调度等各类防疫信息，打通各部门的数据，着力打造统一的疫情防控指挥中心。南沙区疫情防控协同系统主要包括疫情防控指挥中心、疫情汇总管理、防疫物资管理、企业复工管理、疫情防护信息上报等五大功能模块，纵向对接广州市数据，横向实时打通区内政数局、政法委、卫健局等多部门数据，实现跨部门多源数据对接。

2020 年 2 月 3 日，上海静安区临汾街道上线了“智慧临小二”平台。该街道内的 20 多个社区、688 个商户及 2 万余人次的口罩预约、回沪登记、健康打卡、访客登记、社区关爱服务，都能在这个平台上完成。在这个平台上，大量数据通过区块链技术实现电子签名、存证和不可篡改。此外，借助区块链，许多需要当面接触的工作也可线上完成，大大降低了人群接触的风险。

2020 年 2 月 5 日，链飞科技正式推出全国首个区块链疫情监测平台，实时追踪全国各省市新冠肺炎疫情进展情况，其数据综合了国家卫健委、各省卫健委以及权威媒体的相关报道。此外，“疫情数据”、“辟谣”以及“疾病知识”都将通过数据上链操作，写入链飞科技的区块链平台中，用户可随时查看链上相关原始数据。

南京审计大学组织开发了疫情防控区块链系统，采集疫情防控相关信息，提高统计效率和准确性，让数据真实可信，有助于数据追溯和全生命周期的管理，并有助于为学校疫情防控的各项决策和部署，提供精准的数据支撑和技术支持。

3. 产品溯源

疫情期间，有不法分子生产假冒伪劣产品谋取暴利。利用区块链技术来做产品的溯源是早已提出的概念，本书对技术方案不作过多赘述，在下文会讨论利用区块链技术进行产品溯源的可行性。

进行产品溯源的主要过程是：生产者将带有可识别标志（如二维码）的产品信息记录在区块链上，运输过程中的工作人员记录产品的物流信息，消费者可以在购买前通过扫码等方式获得该产品的详细信息，完成产品溯源。然而，在这个过程中还存在一些问题。

第一，产品溯源的第一步是将产品信息准确地记录到区块链上。这里就引申出区块链的能力边界问题，即虽然区块链上的信息是不可篡改的，但是信息上链时的准确性是区块链技术无法保证的。也就是说，单从数据上链这个步骤看，虽然区块链会将数据记录下来，但并不关心这些数据的来源、真实性和用途。

第二，产品溯源需要生产商对产品进行唯一性标识，这个标识如果放在包装袋上，不足以起到安全提示作用，因为包装袋与产品是分离的，不法分子完全可以回收包装袋或伪造包装袋。然而，对于粉状或液态状的产品来讲，唯一性标识又不得不放在包装袋上。并且，唯一性标识会增加产品生产成本。

第三，产品溯源需要记录打包后的所有流通环节的信息，包括运输、出入库、封包、拆包等各个环节，这些环节肯定是由不同公司负责的。这就要求每个公司都要配合上链并配置专门的信息识别设施，实现无缝衔接，否则信息就会中断。如果系统需要相应的机制追究操作人员的个人责任，那这个过程溯源还必须把每个环节的操作人身份信息上链。这些改变涉及的投入是非常大的。

目前来看，产品溯源和慈善公益中的实物捐赠面临着相似问题，单靠区块链技术是无法完成的，需要配合人工智能、物联网等技术，并且还需要完善的监督机制。相比原来的体系，采用区块链进行产品溯源的成本肯定会提高，对于本身价格较低的产品，进行产品溯源的意义不大，大多数人也不会在意这类产品的供应链流程；对于本身价格较高的产品，使用区块链技术进行产品溯源的可能性较大，然而这类产品往往本身就有很好的防伪设计，或者整个行业已有严格的监督体系，因此这类产品采用区块链进行溯源可能是出于效率方面的考虑，区块链在这里只是起到锦上添花的作用。

区块链在疫情中还可能发挥哪些作用

1. 医疗数据共享

目前我国医疗数据平台在收集和共享数据方面仍存在诸多问题，具体包括数据质量不高、存在信息孤岛、篡改失真、记录遗漏、泄露个人隐私、数据灰色交易等，这些问题的存在对整个医疗体系水平的提升产生了很大的阻力。

医疗数据关系到患者的健康状态和生物数据，同时又有很高的隐私性和敏感度，因而对数据安全提出了更高的要求。在涉及参与多方的数据交换和数据协同计算的问题时，各国、各行业、每个人都存在数据主权、数据产权、数据隐私的确权和保护需求，坚实可靠的数据确权和数据隐私保护，是跨国、跨行业、跨个人大规模合作的前提条件。

区块链技术是解决这一问题的可能途径。区块链技术对于实现医疗数据共享的作用主要体现在以下几个方面：一是分布式存储可以最大限度地保障数据的完整性免受攻击和故障带来的损坏；二是区块链不可篡改的特性，能保证医疗数据的真实性；三是区块链技术能实现隐私保护。

在发生疫情时，将案例信息上链，可以让所有医护人员实时掌握疫情发展状况，让科研人员在非疫区也能进行研究。同时，区块链采用的密码学技术可以在整个过程中保护患者隐私。

需要指出的是，医疗数据共享需要政府层面的政策和法规支持，并不完全是医院层面可以决定的事情。同时，医疗数据非常庞大，将所有原始数据写到链上并不是最佳方案。可行的方案是将关键数据的哈希值写到区块链上，在需要的时候进行查询和调用。

2. 民生服务

疫情期间，因为交通阻隔让很多经济活动无法正常进行。北京市发布了《北京市人民政府办公厅关于应对新型冠状病毒感染的肺炎疫情影响促进中小微企业持续健康发展的若干措施》。其中在提高融资便捷性方面，文件指出，建设基于区块链的供应链债权债务平台，为参与政府采购和国企采购的中小微企业提供确权融资服务。

中国人民银行广州分行已下发通知，将对辖内从医院、农贸市场和公交行业回收的现钞予以销毁。商业银行先对上述场景回收的现钞进行全额清分、消毒，做好特殊标识后，上交至中国人民银行广州分行。中国人民银行广州分行对这些现钞做二次消毒，进而销毁，不再投放市场。如果推广使用法定数字货币则可以免去这个麻烦。

3. 疫情预警

在疫情预警中，可以采用联盟链技术，向基层开放链上节点，并且这些节点的身份都是公开的，利用区块链技术可溯源的特性，形成完整的、防篡改的责任链条，能够完善追责机制。在这个联盟链基础上，适当放宽疫情初次上报的权限，形成基层实时预警网络，这样既可以改进目前的预警系统，也能防止上报权限的滥用。

4. 公共事务的治理

公共事务的治理不是指某一个具体的事情，而是一种更高层次的区块链应用，将从根本上改变目前的公共事务的治理模式，解决多方信息共享和多方协同效率的问题。

公共事务具有相关参与方众多、相关利益方多元、相关关系者复杂、相关方目标不同等特点，所以公共事务的有效治理是一件非常难以完成的任务。以火神山医院为例，火神山医院在 10 天内竣工，效率非常高，参建的工人师傅都希望快速建成项目，然而在建设过程中，因为各方沟通不顺畅，出现了工人之间发生冲突的情况。

再以病人入院治疗为例，社区负责人集合社区内病人，运输部门派司机接送，医院人员负责办理手续并入院。然而由于各方之间没有协调好，大量病人滞留在外无法入院治疗。因此，公共事务的治理往往需要多方参与，需要大规模协同作战。区块链被设计成一个多方参与记账，共享一个账本的“总账系统”。它可以帮助建立大规模协同作战系统，从而实现开放节点接入许可，让参与方依据各自角色担任特殊节点并共享所有数据，共同负责多个流程的协同。

疫情期间，很多公司都采用了分布式办公，未来在此基础上发展出来的共享经济、零工经济，都可以通过区块链技术进行经济激励并发扬光大。这方面需要加强对利益相关者治理和激励机制设计方面的研究。

小　结

在这场疫情防控阻击战中暴露出很多短板和不足，主要包括：多方协同的效率不高，捐赠物资的使用和流向不透明，产品溯源的难度大，医疗数据不能合理共享，以及信息公开和隐私保护之间难以平衡等。针对这些短板和不足，区块链已经在其中发挥了一些作用。不过，总体来看，区块链技术在此次疫情防控中发挥的作用并没有特别突出。

第一，区块链可以在公共事务治理、慈善公益、产品溯源、数据共享和隐私保护等领域发挥优势和作用，这次疫情可能会给区块链的发展带来契机。

第二，区块链虽然具有去中心化、不可篡改等特点，但也有能力边界。在一些场景中，区块链需要配合人工智能、物联网和云计算等技术共同完成任务。同时，运用区块链技术也需要一套健全的监督机制。

第三，区块链技术在现实中的应用实践才刚刚起步，将被用来做更重要的事，创造更大的价值。未来，区块链在疫情中可发挥的作用也许比我们现在能想到的更加巨大。

第六章

区块链与物联网

物联网商业要形成闭环，必然和区块链相辅相成

电影《速度与激情 8》中的一个画面是黑客操纵了上千台自动驾驶汽车，那是一个很可怕的场景。实际上，2016 年已经发生过这样的事情，黑客操纵了超过 100 万台的物联网设备来发起攻击，导致美国出现大规模的网站宕机事件。在汽车和设备高度互联的物联网世界，如果缺乏相应的机制来提供保障，人们的安全性也就无从谈起了。

互联网的商业模式

在谈物联网之前，先要理解互联网商业模式。虽然互联网有各种各样的应用，但大部分互联网公司（包括那些百亿美元、千亿美元级别的互联网公司），最核心的商业模式都可以归结为一点——通过互联网更为方便地收集用户的行为数据，然后进行精准的客户画像，再用人工智能匹配算法进行精准的市场营销，从而大幅度提升交易效率。提升效率、降低成本和改善体

验就是互联网最核心的一个商业模式。

百亿美元级别的互联网公司基本上都在这个商业模式基础上做着各自不同的商业表现。也有一些互联网应用看上去很炫酷，实际上却无法形成商业闭环，就是因为他们不符合这个模式。那类应用的特点是不重视用户行为数据、客户画像，只是花钱买流量，却无法留下行为数据，或者留下的数据只是结果数据、交易数据，而不是行为过程的数据，因此它们在商业模式上不能形成闭环。

数据的生意

物联网是大规模采集数据的关键技术。说到采集数据的能力，可以把它分成三个阶段：

第一，数据可测量的阶段。此时人工测量是获取社会和自然的数据的主要方式，因为人们不去测量，这个数据就永远不被知道。

第二，数据可记录的阶段。进入移动互联网时代后，大量数据被遗留在网上，已经不需要人工主动测量了，不管是阿里巴巴、腾讯还是百度都收集了大量数据，从而自然地进入了数据可记录时代。

第三，数据可计算的阶段。随着植入式芯片、传感器和可穿戴设备的普及，它们不仅能直接从用户身上采集数据，而且在用户端就可以开始处理和分析这些数据，并把很多结果直接记录下来。例如，现在已经有一些厂家推出心血管疾病监测设备，价格大约是 2 万元。有相关疾病风险的人可以将该设备戴在身上，结合床边放置的监控设备，就可以在用户睡觉时监测心跳状况，并将结果反馈到处理器。当设备监测到佩戴者可能会出现心梗状况时，医疗机构就可以得到通知并及时派出相应的急救人员。这样，设备在用户端就完成了采集和计算，并将结果反馈给后台，而不是像以前那样等待远端服务来处理数据。

数据采集能力的三个阶段与移动互联网的发展进程也是相匹配的。在移动互联网中，数据与代码（业务功能）紧密结合，催生了“代码数据”的经济形态。这样，经济活动的驱动因素就变成了算法。

像优步、滴滴等出行公司，就是依靠算法来驱动的。我们先来回顾一下传统出租车公司的管理方式——基本上，这样的公司都是金字塔式的结构，虽然管理流程和规章制度也十分复杂，但还是无法有效管理出租车司机。与此相反，优步的管理层级比大型城市里的任何一个出租车公司都要简单。优步在美国的 10 个城市（后来数量更多了）中有互不隶属的分支机构，都有各自的市场营销策略并直接向总部汇报，并拥有很大的制定策略和运用资金的权利。

优步的优势主要来自两类算法：一是动态调整价格算法。在优步的机制里，如果呼叫一定时间后（如 5 分钟）无人接单，就会开始调整价格，直到能够吸引附近的司机接单为止。这样，就缓解了打车困难的状况，当然，价格的调整算法也会将乘客的价格承受能力作为考虑因素之一。二是位置匹配算法。当乘客在优步上呼叫专车后，平台会根据距离、潜在通行时间等因素，匹配最合适的司机。这样的算法，是基于大量的历史数据而定的。

优步平台的“刷单”是指为赚取平台的补贴而虚构载客的行为，据说每年涉及的补贴金额高达 7 亿多美元。面对如何治理“刷单”问题时，优步的亚洲区管理层曾经表示这是进入中国市场必须付出的代价，并没有打算治理。在一定程度上，这是可以理解的。即便司机在“刷单”时没有真正载客，但在车辆通行过程中还是会收集到城市的街道信息和通行数据，这些数据会让位置匹配算法越来越精确，因此从经济上说或许是划算的。

物联网的商业模式

物联网和互联网的商业模式有很大的不同，物联网是基于物件的数据网络，所以其核心商业逻辑是收集设备侧的数据。有些商业场景下，设备和设备之间实时数据交互量非常大，比如车联网，随着无人驾驶的来临，实时的、低时延的数据交换是一个决定性因素。同时，这些设备之间有非常大的协同计算需求。前一段时间股市上热炒一个概念——边缘计算，说明大家也看到了这方面巨大的市场需求。

从投资的角度去理解物联网，它所带来的商业模式和互联网商业有巨大的不同，其中最大的不同就是它给机器赋予了智能。因为机器有了智能，所以人和机器就可以平等交流；人和机器智慧的对等交流，为一个全新的智能社会来临奠定了基础。物联网在智能社会的进程中将发挥决定性的作用，推动所谓的智慧社会或者智能社会的到来。

从商业角度看物联网，有一个非常关键的问题，那就是如何把物联网从一个工具性的技术提升为一个制度性的技术。互联网是一个制度性的技术，带来了很多新的商业模式，对很多商业进行了重构。与之相对，无线局域网中的 Wi-Fi 就是一个工具性的技术，它并没有产生具有很大影响力的商业模式。所谓的颠覆式技术或者说伟大的技术，一定会在经济制度、经济结构方面带来巨变，这是一位在复杂网络领域研究了 20 多年的斯坦福大学教授曾经总结的。他发现所有的经济都是技术的某种表达。但是这些能够影响到经济制度、经济结构改变并重建一些新的商业模式的技术，都是一整套技术组合导致的。比如说汽车改变人类的交通方式，这并不仅仅是汽车制造商的功劳，其中还涉及生产组织方式的创新，如福特的流水线、泰勒的企业管理方法革命、化工石油能源的提取、道路的硬化技术等，甚至也涉及了福特所提倡的小时工资制——工资制度的创新最终让工人能够负担私家汽车的费用。一整套的“技术 + 制度”的创新带来了新的商业，带来了人类交通方式的巨大变革，所有这些颠覆性的技术协同起来将改变经济制度。

物联网具备成为制度性技术的特征。然而，要在经济结构、经济制度和商业模式上带来变化，不能只靠物联网的技术本身，因为一个单项技术无法实现这样一个历史性的价值。区块链技术就是其中不可缺少的元素。

物联网的商业模式如何闭环

物联网技术要成为一个制度性的技术，必然和区块链相辅相成，这有以下几个方面的原因。

1. 设备的身份确认

区块链技术在身份确认方面可以对物联网提供非常大的帮助。任何一个价值网络或者任何一个基于区块链的金融体系，最底层的就是设备的身份确认。在现实世界中，基于人的金融体系里，每个人都有自己的唯一身份。基于这个身份才能开设个人账户，在这个账户上才能进行各类金融交易。在万物互联的世界里，首先得赋予设备一个不可更改的可信“身份”。如果设备没有可信身份，那么数据的资产化，以及基于区块链的数据交易都不大可能发生。区块链技术带来的数字设备身份不可篡改的特点是物联网商业闭环的基础。

2. 设备的账本系统

设备每秒都在发生着、发送着数据，数据如何记载？如何计量？这里有两个概念——分布式数据库和分布式账本，这两者有很大的差别。分布式数据库虽然可以解决一些问题，但是它无法把这些数据资产化和金融化。要把这些设备数据实时发生的数据资产化、金融化，就需要分布式账本，因为基于区块链的分布式账本提供了数据交易的记账方法。

3. 设备数据的所有权确认

区块链的非对称加密算法（私钥+公钥），是数字所有权的一套确权方法。比如像比特币的所有权是基于私钥的。

4. 设备数据的记账和交换单位

区块链技术能够帮助我们将数据资产化。数据资产化后，在交易时需要给出清晰的计量单位。在金融层面解释，Token就是数据的记账单位。区块链加上密码学的算法，还带来了设备数据的隐私保护。设备数据的隐私保护如果解决不好，那么数据产权自然就无法确认。隐私保护的特性不是单靠区块链技术本身带来的，而是区块链结合其他密码学算法产生的。比如像零知识证明和同态加密技术能够为交易提供隐私保护，而安全多方计算能够在不泄露隐私的情况下由多方协同计算数据。单纯保护数据并不能带来价值，数据的价值必须在交换、交易当中才能体现出来，如果没有基于区块链的隐私保护方案，就很难放心地让人们来共享和交换数据。单纯从工程实践的角度看，比特币这样的区块链就提供了一整套行之有效的方法，通过确认数据所有权来防止“双花”交易。

工业经济时代的石油除了用来驱动汽车外，它本身也是资本市场上的一个重要的金融资产。在物联网的时代，设备每天每秒产生这么多的数据，可以被视为新时代的“石油”，驱动着数字经济的发展，同时也将成为资本市场、金融市场上非常大的、非常有价值的一类新的金融资产。物联网商业若想能够闭环并催生百亿美元、千亿美元级别的公司，就一定要进入这个闭环。在这个闭环当中，一定缺不了数据的资产化和资产的金融化。缺了金融这个环节，物联网的商业模式价值将大打折扣。物联网的商业模式闭环，一定是依次从设备的网络化、网络的数据化、数据的资产化、资产的份额化、份额的交易化、交易的金融化展开的。只有分割成标准的份额才能方便地进行交易，否则数据的买卖无法形成一个流动性很好的市场，也不是一个定价清晰的市场。基于数字资产的交易可以提供非常丰富的金融服务，这是从商业和金融的角度看物联网的商业模式。

“区块链 + 物联网”的应用案例

上海万向区块链股份公司和中国联通旗下的物联网公司联合发布了一个基于“区块链 + 物联网”的创新平台。“区块链 +

物联网”的第一个应用是在新疆的畜牧业场景中。

对牧场而言，肉牛虽然是很贵重的资产，但牧民无法把肉牛资产化或者金融化抵押给银行，因为现有条件下没有银行敢接受这样的抵押物。现在，通过物联网技术将肉牛数字化，用区块链不可撤销、不可篡改的特点把它产权化、资产化，能够催生出新型的抵押融资模式。以下是该案例的细节：

传感器。具体来说，就是这个方案将不可拆卸的项圈套在牛的脖子上，相当于一个数字身份证。此外，这个项圈还嵌入了很多传感器，例如体感传感器会监测牛的体温，计步器可以知道这头牛每天正常的步数。如果步数显著下降，那就表明这头牛可能患病了。还有电子围栏，如果这头牛不在电子围栏的范围内，可能就是被牧场主卖了，被盗或丢失了。当这头牛离开电子围栏稍微远一点的距离，系统会发出警报。牧场里还有地磅和传感器，这样就不需要每天手动称牛的重量，只要牛经过这个地磅，哪怕每个月只有 1~2 次，也可以测算出变化的数据，例如 6 月 1 日时这头牛是 1 000 公斤，6 月 30 日经过地磅时体重是 1 050 公斤，那么作为银行的抵押物，这头牛就是在增值。

区块链增强信任。传统的互联网和物联网技术就足以实现将牛“数字化”了，但如果缺乏可信的方式去验证这些数据，就难以被金融机构采信。在这个案例中，相关数据会通过中国联通的网络直接上传到区块链上，所有需要数据的参与方都可以在区块链上获取数据，这些参与方包括牧场主、银行、保险公司、政府，数据被篡改的可能性几乎为零。这样，这些数字化的牛就成为可以管控的资产。

小　结

所谓的颠覆式技术，它的标志就是可以改变经济制度和经济结构，这种改变具体体现为创造了新的商业模式。所有商业模式的闭环都离不开金融这个环节，物联网在这方面也一样。通过区块链技术的结合，物联网能够实现高度的金融化，催生多样的商业模式。

区块链与机器间大规模协作[①]

问题的提出

阿里巴巴达摩院在《2020 十大科技趋势》中将“机器间大规模协作成为可能”列为第四大趋势。达摩院认为，物联网协同感知技术、5G 通信技术的发展将实现多个智能体之间的协同，机器彼此合作、相互竞争共同完成目标任务，而多个智能体协同带来的群体智能将进一步放大智能系统的价值。

达摩院强调智能设备网络中信息共享、统一控制的作用。

① 在肖风博士的指导下，邹传伟博士于 2020 年 3 月 5 日在万向区块链公益黑客马拉松上进行了线上分享。感谢陈升先生对内容的修改意见。

但这是不是机器间大规模协作的唯一机制？区块链作为分布式协作网络，与机器间大规模协作有无交集？

人类社会的大规模协作机制

要理解机器间大规模协作，最好将它与人与人之间的大规模协作相对比。大规模协作是人类社会最重要的特征之一。没有大规模协作，人类文明不可能发展到今天。

人类社会的大规模协作机制可以分成两类。第一类是中心化的，以自上而下的命令链条、自下而上的反馈机制以及多级委托代理关系为核心特征。典型代表是行政机构、企业组织和军事单位等。第二类是去中心化的，以市场机制为代表。市场机制中不存在中央计划或统一协调，每个参与者在为各自利益工作的同时，通过劳动分工、市场交换来增进群体利益。这里主要讨论市场机制。

在市场机制中，人与人之间的协作在两个维度上进行，并且这两个维度之间不可分割。第一个是信息维度。比如，银行向企业放贷前，需要评估企业信用资质，有两种评估方法。一种是分析企业的财务报表，对企业信用进行打分。人工智能和大数据分析兴起后，企业的很多非结构化信息也能被分析。另一种是利用市场价格，从企业的股票价格、债券收益率和信用违约互换价差中倒推出其信用风险的高低。在各类市场中，参与者根据自己掌握的信息交易资产，看好的人会买入，不看好的人会卖出，交易形成的资产价格综合了不同人所掌握的信息。在很多场合，市场价格的信息揭示功能不可能被人工智能和大数据分析所替代。哈耶克在《通向奴役之路》中指出："价格是唯一一种能使经济决策者们透过隐性知识和分散知识互相沟通的方式，如此一来才能解决经济计算问题。"

第二个是价值维度。在市场机制中，参与者根据市场价格信号来决定如何配置资源。比如，消费者根据商品和服务的价格，决定怎么花自己的钱，以最大化自己的福利；企业根据生产要素和产品的价格，决定生产什么、生产多少，以最大化自己的利润。在现代社会，市场机制无处不在。我们每时每刻都置身在各类市场中，不断生产价值，不断交换价格，使有限资源得到最大化利用。亚当·斯密在《国富论》中形象而深刻地揭示了市场机制的作用："我们每天所需的食物和饮料，不是出自屠户、酿酒商或面包师的恩惠，而是出于他们自利的打算。每个使用资本和劳动的个人，既不打算促进公共利益，也不知道他自己是在什么程度上促进那种利益。他受一只看不见的手的指导，去尽力达到一个并非他本意想要达到的目的。通过追逐自己的利益，他间接促进了社会利益。"

能否在机器网络中引入市场机制？

刚才讲到，人类社会有两类大规模协作机制——中心化的和去中心化的。达摩院说的"信息共享、统一控制"就代表了中心化机制。市场机制是去中心化的代表，在信息和价值两个维度上运作，并且市场价格的信息揭示功能不可能被人工智能和大数据分析所替代。问题在于，能否在机器网络中引入市场机制？

这个问题涉及机器与人之间的关系。不同学科从不同角度对机器与人之间的关系进行了深入研究。1944 年，薛定谔发表了《生命是什么》，用热力学、量子力学和化学理论来解释生命的本性。很多人熟悉的“生物摄取负熵为食”的说法就源于这本书。这是把人当作机器研究。1955 年，人工智能达特茅斯夏季研究项目提案在一开始就提出：“学习的每个方面，或智能的任何其他特征，在原则上都可以如此精确地描述，以致可以由机器来模拟。将尝试找到如何使机器使用语言，形成抽象和概念，解决现在为人类保留的各种问题，并改善自己。”这是研究如何让机器像人一样思考。目前实现的主要是以模式识别为代表的弱人工智能，强人工智能离实际应用还有很远的距离。

在机器网络中引入市场机制，本质上是让机器像人一样行事。在未来的通信网络、物联网和智能设备网络中，能否通过区块链，让机器像人一样大规模协作？答案是肯定的。有人可能认为这是科幻，甚至是天方夜谭。实则不然，有这么一个原型系统，已经成功运行了十多年，那就是比特币网络。

比特币网络没有股东、管理者或监管机构，全世界超过 1 万个节点，十多年无故障、不中断运行，近期每天“挖矿”产出 1 620 万美元，每天链上平均交易 35 万笔，价值约 71 亿美元。很多人习惯从技术角度看比特币网络，其实从经济学角度看比特币网络更有价值。比特币网络中存在复杂的市场经济活动。比如，“矿工”提供算力，工作业绩体现为找出特定的随机数并为此获得出块奖励。而仅提供存储空间、网络路由或钱包服务的节点则不会得到回报。用户发起交易时，若有需要加快交易处理的时间，则需要提供较高的手续费以激励“矿工”，相当于用经济手段来竞拍比特币区块链内有限的系统资源。

很多优秀的经济学家从博弈论、资产定价和网络经济学等角度研究了比特币网络中的经济学问题。比特币所依赖的密码学、分布式网络和分布式计算等底层技术，在中本聪之前就已经发展出来了。很多研究者尝试通过这些技术来构造电子现金，但都没有取得完全的成功，直到中本聪引入博弈论设计才使比特币成为可能。这显示了经济机制的力量：在去中心化环境下，如何防止“矿工”作恶和保证分布式账本安全，保障网络建设、运行和维护，并实现自我组织和自我治理。技术不能完全解决的问题，加入经济机制后就产生了很好的效果。

如果把比特币网络视为“机器网络 + 市场机制”的一个原型系统，有哪些可复制、可推广的成功经验呢？

机器网络的经济学表述

在讨论“机器网络 + 市场机制”前，有必要将机器网络表达成经济学问题。这里的机器网络主要包括通信网络（比如5G）、物联网、智能设备网络以及区块链网络等。

这些机器网络有以下特征：第一，结构有中心化（比如“服务器—终端”）和点对点之分。第二，不同类型的节点承担不同角色，比如提供数据、算力、存储和带宽等，并有分工协作关系。第三，在比特币网络之前，机器网络基本是一个物理问题，与经济学无关。与人的行为相比，机器行为更容易用函数来刻画，输入变量是控制参数和环境参数，输出变量是机器的行为，函数设定则由机器设计决定。

机器网络在建设、运行和维护中的一个特殊问题是，一些机器网络属于基础设施，而基础设施难以直接向使用者收费，有自愿或无偿性质。典型代表是通信网络。这在经济学上属于公共产品的供给问题。如果作为基础设施的机器网络完全由私人部门提供，会存在供给不足。现实中有两种解决方式。一种是政府使用财税收入，投资建设网络基础设施，并作为公共产品对外提供。另一种是“交叉补贴”，网络基础设施免费，在上面运行应用则需要收费。这取决于如何吸引私人部门参与并给予相应激励措施，现实中出现了各种公私合作模式（PPP）。

机器能否成为经济主体？这个问题的核心在于机器是否有自己的效用，能否根据经济激励调整自己的行为。在分布式人工智能和经济学的交叉领域，一个主要愿景就是机器经济（Machine Economy）和设备民主（Device Democracy）——机器有自己的效用“观念”，会通过策略优化实现自身效用最大化，成为所谓的智能体（Agent）。但在这个愿景实现之前，可以认为机器没有自己的效用“观念”，激励机器实际上是激励机器背后的控制者。当然，也可以把今天讨论的问题看成机器经济和设备民主的初级版本。

人的行为非常复杂，受各种因素的影响，也有多种不同的建模方式。现代经济学的主流范式基于“经济人假设”，本质上是用机器来模拟人的决策和行为，让我们再次回到前面讨论的机器与人之间的关系。在这个范式下，每个人都有一套价值观，价值观决定了他的偏好，比如喜欢橘子还是苹果。偏好用效用函数来定量刻画，效用函数要体现边际效用递减和风险偏好等特征。经济人的目标是在各种约束条件下最大化个人效用。比如，消费者面临的问题是，在预算约束下，选择消费组合，以最大化效用。企业面临的问题是，给定收入目标，最小化成本，或者给定成本目标，最大化收入。总之，不管是消费者还是企业的问题，都可以用优化问题来描述，而且优化问题有两大要素——目标函数和约束条件。

需要说明的是，经济人假设是人在理想情况下的行为的近似。现实中，行为经济学研究表明，个人决策很难杜绝非理性，行为往往偏离经济人假设。

“机器网络 + 区块链”的经济学

“机器网络 + 市场机制”离不开区块链。前文已讨论，市场机制在信息和价值两个维度上运作。区块链兼有信息互联网和价值互联网的属性，可以在市场机制的两个维度上发挥作用。

区块链作为信息互联网，可以用公共账本来记录商品、药品、食品和资金等的流向，让上下游、不同环节相互校验，穿透信息“孤岛”，让全流程可管理，但这还不涉及资产或风险转移。区块链作为价值互联网，就涉及资产和风险的转移。不过，区块链本身不创造价值，价值来自现实世界的资产，并通过经济机制与区块链内 Token 挂钩。区块链发挥基础设施功能，体现为交易即结算，清算自动化、智能化。

“机器网络 + 市场机制”的核心是“机器网络 + 区块链”的经济学。在方法论上，要穿透机器网络到背后控制者，并使用“两步法”。

第一步：经济活动发生在机器网络上，要从生产、消费、市场交易和分工等视角，提炼机器网络中的经济活动和参与者。

第二步：讨论这些经济活动如何用区块链支撑，包括以下三个方面。

第一，区块链记录经济活动。这个方面用到区块链作为信息互联网的功能。难点在于如何让链外信息保真“上链”，把区块链外的经济活动和价值流转以高度可信的方式记录下来。比如，“区块链 + 供应链”管理就需要有安全高效的传感设备把链外信息可信地写入区块链。这个问题尚无完美解决方案，是目前区块链应用的核心障碍之一，它不完全属于技术问题，也离不开相关制度安排。

第二，区块链为经济活动提供支付和激励工具。这个方面用到区块链作为价值互联网的功能，有两个核心的经济学问题：一是机器间支付工具，二是机器网络的经济学模型设计。

第三，区块链内 Token/ 智能合约的状态变化如何触发机器行为。这个方面涉及区块链内状态向现实世界的传导问题。

“机器网络 + 区块链”有三个重要的经济学问题。

第一个是机器如何成为可考核的经济主体，因为经济激励的前提是准确计量机器的贡献。准确计量贡献包括以下三个方面：一是每个机器必须具备唯一身份标识，不能被伪造或修改；二是机器的行为过程具备可追溯性，不可抵赖；三是机器身份和行为的真实性，可以通过算法实现自证，不需要人工或者机构参与验证。只有具备以上特征的机器网络中的机器，其做出的行为和产生的贡献才具备衡量意义，才能作为可考核的经济主体，或者称为“机器经济人”。

为此，需要做四个方面的工作。一是通过模组、芯片等技术，对机器引入唯一的数字身份（公私钥），在硬件底层实现，不可篡改。这类似个人特征（如人脸 / 指纹等）不可修改。二是机器网络引入新的寻址机制，以机器公钥的哈希值作为寻址要素，从而代替 IP 地址，实现地址和标识的唯一性。比如，分布式哈希表（Distributed Hash Table，DHT）算法根据哈希地址的值，计算自己的周边相邻节点，通过相邻节点不断寻找，最终找到目标。三是自我证明，机器的任何活动行为，都将带有该机器身份的签名，通过公私钥和加密机制，实现机器身份和行为的自证，而不需要人工和中心化机构的参与。这类似每个行为都按指纹并画押确认，确保做的事情不可抵赖。四是交互即记账，机器网络不再是以无特征的信息包作为主体，任何行为都是交易和参与经济活动的一部分，通过区块链实现交易记账，为后续的交叉验证、行为追溯和贡献统计提供基础。

第二个是机器间支付工具。机器间支付可以通过金融账户（包括银行存款账户和支付机构账户），也可以通过区块链内的 Token 实现。在机器网络中节点数量很大时，通过金融账户支付的效率可能赶不上机器间交互的效率。此外，金融账户的前置审批要求很难兼容机器网络的开放性。通过区块链内 Token 支付，本质上是让区块链成为机器网络中的价值结算协议，这方面需要正视货币的网络效应与货币错配问题。

机器网络也存在于一个由法定货币主导的世界。比如，比特币网络的资本支出（主要是矿机研发和购置费用等）和运营支出（主要是电费和人员薪酬等）都是以法定货币计价的。法定货币有很强的网络效应。如果机器网络使用不与法定货币挂钩的 Token 作为支付工具，就会出现货币错配问题。比如，比特币“矿工”就需要承担以比特币兑换美元的价格波动风险。

从经济机制设计的角度，应该给机器以价值稳定的激励，使机器网络中的经济活动不受支付工具价值波动的干扰。在央行数字货币和全球稳定币（以 Libra 为代表）设立合适的机器间支付工具，是在机器网络中引入金融活动的基础。反过来，机器网络中巨量的节点，以及节点之间丰富的经济交互，也为央行数字货币和全球稳定币应用推广提供了很好的场景。在这个环节，需要在央行数字货币或全球稳定币的钱包账户与机器身份之间建立起映射关系。

第三个是机器网络的经济学模型设计。尽管单个机器有控制者或所有者，但作为一个网络机器网络不存在所有者，有很强的公共产品属性。任何网络在发展早期都是小规模的，网络效应很小，新加入者切换过来需要付出成本并承担早期风险。如何激励新加入者，让它们与网络的进一步发展实现激励相容？这方面要引入分布式经济模型和 Token，通过可编程性设计，确保 Token 能有效地从机器网络的经济活动中捕获价值。只有这样，机器网络才会有内生的增长力量。

“机器网络 + 区块链”会产生很大的经济价值。第一，为机器网络的建设者、运营者和维护者提供新的收入来源。特别是实现公平有效的经济模型——凡是对网络做出贡献的机器节点，都应该受到奖励。第二，为网络基础设施建设发展出新的融资方式。第三，真正将区块链带入“万物互联”的广阔应用场景。对这些即将出现的新的经济形态，我们要有充分的想象力。

小　结

通过在机器网络中引入市场机制，可以实现一个去中心化的、以价值交换为基础的机器间大规模协作机制，让机器像人一样大规模协作。比特币网络是“机器网络 + 市场机制”的一个原型系统。“机器网络 + 市场机制”的核心是“机器网络 + 区块链”的经济学。

区块链与机器间大规模协作会产生很大的经济价值，为网络基础设施建设发展出新的融资方式，将区块链带入“万物互联”的广阔应用场景。区块链方便我们用智能合约来自动化对大规模协作进行价值计量、价值分配、价值存储、价值结算，使跨界的、公共事务的大规模协作成为可行、可信，变得高效。区块链与机器间大规模协作将是这方面的一个重要问题。

第七章

区块链的产业应用探索

随着区块链技术的日渐成熟，不同领域的机构开始尝试在各自的应用场景中探索“区块链 +”模式，形成了一批典型案例。基于区块链技术，数据的隐私保护及数据价值的挖掘开始得到重视。作为一种旨在促进多方协作的技术，区块链有望优化金融、物流、制造、农业等行业的现有运作模式，促进利益相关方的协调，为解决现有模式中根深蒂固的信任问题提供解决方案，从而促进业务的运作效率，发掘新的经济增长点。本章从数据主权意识的觉醒着手，探索了区块链与人工智能、隐私保护的结合点，讨论了区块链应用的特点及未来发展趋势，并介绍了万向区块链的一些产业应用探索成果。

数据主权意识的觉醒

随着 2016 人工智能概念大爆发，人们突然意识到数据的作用和巨大价值。这时候，人们自然要问：我的数据储存在哪里？我的数据得到妥善保护了吗？商业机构用我的数据创造了价值，是不是应该将这些价值分享给我？人工智能的发展促使人们开始关注这些问题，但人工智能技术本身难以解决这些问题。以下是具体的关注点。

第一，数据的产权确认。现在人们将很多身份信息和行为数据遗留在互联网上，这些数据是属于用户的，还是属于互联网平台的？或者是用户和互联网平台共同拥有的？比如在医疗平台上，用户的基因数据和病历数据应如何确定数据的主权？数据要真正实现价值，就必须把其变成资产，否则数据就无法进行交易、定价，也无法获得贡献数据以后应该得到的回报。因此，数据资产化是数据交易的基础，而数据资产化的前提是数据的确权。

第二，数据的隐私保护。大部分用户都不希望将涉及隐私的数据公开暴露在互联网上，也不喜欢这些数据被用于买卖和传播。如何确保数据的安全性和隐私性？

第三，数据的协同计算。数据的价值在于使用，获取大量数据是人工智能算法优化和迭代的前提。但是，现在互联网上的大量用户数据被不同的平台所掌控，例如电商平台存储了用户购物的数据，而社交平台则保留了用户社交关系的数据。在目前的情况下，用户不愿意将这些数据公开给第三方，因为这涉及隐私保护的问题；而各个互联网平台基于各自的利益，也不愿意向第三方分享所收集到的数据。那么，如何有效地利用这些多维、多元、多层次的数据，在保护各方利益的同时对这些数据进行协同的计算和利用，最终促进人工智能的发展？要开展有意义的协同计算，就需要有相应的激励机制，鼓励用户、科研机构或商业机构分享自己的数据和算法模型，从而真正地发挥数据的价值。

第四，数据的价值分享。既然这些数据创造了很大的商业价值，用户是否应该得到其中的一部分？在现有的互联网架构下，这些价值是不会被分享给用户的。当然，互联网平台也用免费使用服务等方式向用户提供了便利性，这是一种间接价值的体现。有没有什么更直接的方式，能够鼓励用户贡献更多的数据，帮助人工智能达到更好的结果？

举个例子，科学家如何获得 1 万个特殊病人的病例？首先，这些数据基本上不可能集中在一两家医院里，因此协调医院的参与和贡献数据将是一件十分困难的事情。其次，在现有的模式下，征求如此多的病人的同意和授权，也是成本很高的事情，而且病人也会担心隐私泄露的可能性。

传统的互联网技术能否解决这个问题？首先，从技术上说，我们不能相信互联网平台能够完全确保数据的安全和隐私。最近，一家著名的连锁酒店的系统被入侵，导致大量住客数据被盗取。在互联网领域，类似的事件已经反复发生过多次了。其次，传统的互联网平台都在利用客户的数据赚钱，对数据的隐私保护或用户的数据主权并不是太在意。再次，不同的参与方存在意愿分歧，互联网平台希望掌握数据的主权，而数据的拥有者希望数据的主权掌握在自己手里并享有相应的收益。最后，互联网平台也很难解决内部存在的管理不善问题。最近也有新闻报道，一家非常著名的物流公司的工程师无意当中把一个数据库删除了，导致这家物流公司停摆了很长时间。因此，单靠密码学算法和互联网技术也一样不能解决上述问题。

这时候，区块链技术就开始进入人们的视线了。如果用区块链技术建立分布式的人工智能平台，能够脱离对中介机构的依赖，通过智能合约和隐私计算等技术，结合激励机制，能够鼓励陌生人将隐私数据贡献出来，让需求方计算得出相应的结果，而智能合约会负责相关的利益分配。在这个过程中，用户的隐私也会得到保护。这样的平台一旦实现，将会对人工智能行业带来翻天覆地的变化，也会开拓互联网数据利用的新范式。

区块链与人工智能

在数字经济时代，算法的意义变得很重要，甚至可能会取代组织和人的作用。在农业社会、工业社会适用的规则，到了信息社会就可能不再适用了，开源、共治、共享成为新经济的规则。构建新世界需要新方法、新工具。新方法就是用数学规则来运营商业，而新工具最基本的两个要素就是人工智能和区块链。

人工智能和区块链看上去毫无关系，但从核心构成来说，它们有共通之处。支撑区块链运行的是一整套算法，而人工智能技术中最核心的构成也是算法，“数据＋算法＋算力”是其典型的应用方式。区块链行业常见的算法如下：

- 哈希算法用于保持数据的一致性和不可篡改性；
- 非对称加密算法，能够建立安全的账户体系。在区块链上，唯一的产权确认的依据就是特定账户的私钥，拥有了私钥，就拥有了账户里面的所有价值物和数据的控制权；
- 零知识证明算法，在不公布明文数据的状态下能让第三方验证者验证数据的真实性；
- 同态加密算法，在数据加密之后，第三方仍然可以就这些数据进行计算，最后由拥有密钥的人得到想要得到的结果；
- 安全多方计算，让数据所有者（比如前面讲到的某种特殊病患者）可以把自己的数据加密后由第三方来做协同计算，而不影响数据的隐私性。

人工智能与区块链的关系可以用一句话来形容：“人工智能是生产力，区块链是生产关系。”人工智能通过一整套的算法把低效的人工取代了，而区块链通过一整套算法把公司和商业机构的组织形式取代了。两者加在一起，可以预见未来商业领域、商业模式、商业结构将会发生翻天覆地的变化。如无人驾驶汽车就是一个典型的潜在场景。无人驾驶汽车是基于人工智能的一整套算法运行的，倘若采用传统的共享出行模式，那么将会被中介平台收取 20% 的中介费。而如果使用区块链技术来确保交易数据的可信度和安全性，就可以取代中介平台的作用了。

区块链是截至目前实现去中介、去管理层、去中心化组织最好的技术之一。人工智能与区块链技术的结合，有望极大地改变经济、商业模式、商业运作的未来。

区块链与现有互联网的不同之处

区块链与现有的互联网的区别主要体现在以下几个方面。

第一，互联网使信息的产生、交流、传递成本极低，传递速度极快，信息的获取也极为方便，但它不具备区块链的价值传输能力。

第二，互联网是一种中心化的信任机制，默认用户相信互联网平台能够妥善保护自己的数据且没有滥用的行为。然而到目前为止，几乎没有人敢彻底相信任何一个互联网平台能做到这点。区块链的信任机制是去中心化的，基于算法的信任，能够降低对个人、机构、组织的依赖，并确保数据的安全性。区块链的分布式信任机制显然要优于互联网的中心化信任机制。

第三，激励相容。在区块链上，数据的拥有方、算法的提供方、算力的提供方和人工智能的需求方都可以通过区块链提供的机制进行协作，每一方各得其所，实现激励相容。因此在激励机制上区块链和互联网有巨大的不同。

第四，互联网上的应用叫作 App，区块链上的应用叫作 DApp。App 和 DApp 的最大区别是什么？比如说，通过传统出版渠道来出版一本书，作家可能得到这本书售价的 10%；而通过腾讯的阅文平台这样的互联网渠道来出版，收入的 25% 归平台，这意味着作者本人可以得到这本书售价的 75%。但是，在区块链去中心化应用上出版同样的读物和著作，收入可以 100% 归作者所有，没有任何人会在中间抽取费用。这就是去中心化的商业模式，也被称为分布式商业。

第五，互联网上有大量的数据孤岛，各互联网平台的数据往往是独自享有的。但是在区块链上，数据是多方共享的，能够促进数据的流通和利用。

最后，简单总结一下区块链和加密算法的发展趋势。现在有越来越多的密码学家开始加入区块链的创业团队。通过这些密码学家我们了解到，密码学界研究方向正在发生巨大的转变，数据隐私保护成为最热门、最重要的话题。像 PlatON 区块链项目就是致力于使用安全多方计算技术解决数据在多方之间流通和计算的问题。斯坦福大学、麻省理工学院、马里兰大学和伯克利大学的很多密码学家也加入了这个领域的研究。可以预计，在未来的 3~5 年内，区块链和安全多方计算技术在数据的隐私保护和协同计算领域将会有很广阔的应用场景。

万向区块链的探索

从 2015 年开始，中国万向控股有限公司在区块链技术领域开始了战略性布局，逐步打造了万向区块链实验室等业务形态。2017 年初，在进一步整合资源，深化平台建设的基础上，上海万向区块链股份公司正式成立。万向区块链致力于构建一个充满活力的区块链生态圈，从技术、资金、资源等多方面全力推动中国区块链行业发展和业务落地。这方面的工作可归纳为建设区块链生态圈、自主研发区块链技术和积极探索区块链应用三个角度。

建设区块链生态圈

万向区块链实验室成立于 2015 年 9 月，是中国首家专注于区块链技术的非营利性前沿研究机构，自 2015 年起每年举办上海区块链国际周和区块链峰会等系列活动。此外，实验室还参与了区块链的国际标准工作组 ISO/TC 307 和中国的国家及团体标准的制定工作等，进行前沿技术及商业模式研究（包括出版万向区块链实验室丛书），开展区块链培训及各类区块链线下活动，致力于建立全球区块链技术与商业资源网络。

截至 2019 年底，万向区块链生态投资迄今已超过 100 个项目，投资总额超过 1 亿美元。这些投资聚焦于当前区块链发展的关键技术，包括：提高区块链的性能，包括高效的共识算法、侧链、状态通道和分片（sharding）等技术；跨链技术，以实现同构链与异构链的跨链协同；隐私计算技术，包括安全多方计算、同态加密和零知识证明等；链上、链下数据协同技术，让链外信息高效、保真地“上链”，特别是区块链与物联网的结合；自主安全可控的密码学技术。

投资离不开孵化。在这方面的工作里，新链空间是万向区块链旗下以区块链为特色，面向金融科技类企业的综合创业服务平台，是上海市认定的市级孵化器。在虹口区政府的大力支持下，万向区块链以北外滩为中心，发挥行业龙头效应，初步建成集“品牌打造、产业孵化、人才聚集、资金支持、技术开发和场景应用”六位一体的“北外滩区块链创业创新基地”。

在 2016 年第二届区块链全球峰会上，万向集团宣布投资 2 000 亿元，携手众多创新机构在杭州萧山打造一座智慧城镇，即万向创新聚能城。万向创新聚能城的占地面积为 9 平方公里，地处杭州大湾区，背靠钱塘江，是和陆家嘴非常相似的大型城市项目。万向希望打造一座以区块链为技术驱动，以云计算、大数据、物联网和人工智能为依托，旨在实现九万人学习、研究、制造、生活的智慧城市。万向创新聚能城将建立起新的数据基础设施，它是万向各类业务组合（如制造业、金融业和可再生能源等）的落地区域。创新聚能城里面会包含智能制造、分布式的城市智能以及数字经济，而赋能的技术则包括区块链和物联网的创新。

关于创新，就不得不提到位于美国马萨诸塞州大波士顿区剑桥市的肯德尔广场，它也是麻省理工学院的所在地。这个区域的创新收入以及 IPO 的成功率均为世界最高，特别是在生物科技和信息科技领域。万向的愿景是将万向创新聚能城打造成为中国版本的"肯德尔广场"，将城市的发展及工业和其他领域的创新都聚集在一起。在全球范围内，已经出现了一些智能城市的例子，如迪拜以及位于韩国的松岛新城，都拥有不凡的成果，而所有智慧城市都面临相似的困境。大部分城市在打造智慧城市的过程中，主要是把物理基础设施和技术相结合。城市的大型改造往往要持续五六十年之久，然而技术每三四年就会发生改变，因此时间节点并不完全一样。如何确保智慧城市能够紧跟城市发展的步伐，也是聚能城试图解决的问题。一般智慧城市的设计都是从上至下，这使技术发展的时候，城市没有办法快速调整，因此利用区块链来多维度地赋能整个城市，将是成功的关键。

万向在开发创新聚能城时专注于三方面的思考。首先，如何协调整个城市的利益相关者并为其赋能。例如，如何将居民和参观者同城市的活动融合起来，商业行为和居住行为如何为城市产生贡献。大家对于城市的关注点不一样，所做出来的贡献也不一样。将区块链技术整合到经济逻辑中，不仅能促进数据的交流，还能促进价值的转移。

其次，区块链支撑万向创新聚能城打造全新业务模式，也就是价值融合。万向创新聚能城旨在了解个人、商业实体、政府的行为和需求，并通过区块链技术将这些利益相关方连成一线。打造这个城市的区块链平台不仅需要将现有垂直的信息基础设施连接起来，还需要利用有潜力的新兴技术（如物联网、边缘计算等），并推动基金、加速器、实验室等机构的协同效应连点成面，成立行业联盟并制定标准，将这些元素加以整合，以建立区块链型态的业务模式，推动与数据流相关的价值转移。

云基础设施在新型的智能城市中也需要重构。需要确保数据主权的同时，通过数据挖掘及数据分析创造出更多的价值。因此，在万向创新聚能城中把技术栈和云基础设施分为三层，一层是数据收集、数据存储，二层是数据托管，三层是数据应用。在这样一个多层的数据基础设施当中，使用安全多方计算等技术来保护数据隐私已成必然。这样，即使是中介机构也没有办法控制数据，从而保护数据的主权和价值。

万向创新聚能城目前规划有三个区，一区是智能制造，二区是智能和生态城市，三区是国际研究和创新基地，这主要是为了提高本地的创新能力。最终实现城市和工业无缝连接，通过储能等基础设施提供低成本的可再生能源，并且充分利用当地的研究创新能力建立起一个创新和创业的基地。万向期望能利用区块链、人工智能及物联网技术建立一个居民创业、住宅创业的商业园区，也是其中各方都能够从中获益的创新聚能城。

自主研发区块链技术

2017 年 7 月 31 日，微众银行、万向区块链和矩阵元联合将三方研发的区块链底层平台 BCOS（Blockchain Open Source）完全开源。BCOS 是国内首个安全可控、可商用的开源区块链技术平台，通过集成身份认证、非对称加密算法、引入技术治理功能、支持全面监管审计功能等举措，可支持多个行业的应用需求，满足中国金融业务要求。

2019 年 9 月 26 日，万向区块链和矩阵元在 BCOS 的基础上打造以隐私计算为特色的新一代联盟链平台——PlatONE，并实现开源。PlatONE 为更好地支持企业级应用，对区块链性能、隐私保护和监管等问题提出了自主可控的解决方案。一是在提高性能方面，支持 WebAssembly 虚拟机，提供高度优化的拜占庭容错类共识算法和更高效的数据存储机制。特别在共识算法上，PlatONE 内置多种优化共识算法，可定制化扩展共识插件，有较强的一致性，能支持交易并发处理，大幅提升交易处理吞吐量。二是在隐私保护方面引入安全多方计算、同态加密和零知识证明等密码学算法，实现数据多方安全共享，支持隐私交易，保证用户身份匿名性和交易数据隐私性。三是在监管方面支持多维度的访问控制和权限管理，提供安全规范的节点准入和节点的自动化运维，并能有效地防控违法有害信息上链传播，还支持国密算法，满足国密合规性要求。

区块链应用离不开隐私计算。矩阵元是全球区块链及隐私计算的领导者，长期致力于为数字经济提供分布式商业条件下的区块链技术基础设施和基于密码学的隐私计算解决方案。它聚焦于新一代全球金融基础设施的建设与运营，创建基于数据隐私计算的数据交易市场。矩阵元在分布式计算、共识算法、安全多方计算、零知识证明等领域拥有国内外有影响力的学术团队及多项核心专利，已经与美国西北大学、马里兰大学、上海交通大学、中科院信工所、武汉大学等学术机构建立长期合作机制。在金融、医疗、物流、智能制造、智慧城市、物联网等领域也拥有商用级解决方案与合作伙伴。同时，它也是以太坊全球社区的重要参与者和开发者，还参与多项行业标准制定，也是首批网信办区块链服务备案企业。

积极探索区块链应用

万向区块链积极推动区块链的落地应用发展，利用技术和资源优势为各行各业的客户提供区块链解决方案和产品，已有多个解决方案成功落地。万向区块链除提供存证、溯源、物联网可信信息上链、积分通兑和区块链上的安全多方计算等通用服务外，还重点拓展区块链在金融、企业和能源化工等行业的应用。下面将介绍万向区块链在信托与慈善服务、供应链金融、汽车整车物流供应链和分布式经济等方面的区块链应用案例。

1. 信托与慈善服务

2017 年，万向区块链联合万向信托举办了“区块链在信托行业中的应用研究”课题研讨会，探讨如何在最需要信任的信托行业中让区块链发挥更大的作用，并促进信托产业升级，这次会议也揭开了万向区块链正式进军中国信托行业的序幕。

借助万向区块链的技术优势，万向信托提供基于区块链技术的应用服务平台，将业务中所使用到的关键材料和信息在区块链上进行证据存储，并构建多方协同服务的信托账户体系。万向信托服务涵盖的范围包含慈善捐赠、慈善项目监管、资产投资、子女教育、养老安排、家族事务安排、财富传承等。万向信托所有的关键材料并不直接存储在区块链上，而是经过哈希算法转换成不可逆的数值存放在区块链上；万向信托和其用户如需进行数据验证，只要将材料和信息通过哈希算法进行处理，然后与区块链上的对应信息做对比，即可验证材料是否曾经被篡改过。

万向在信托与慈善服务领域具有诸多优势。第一，万向信托金融牌照可以提供稳妥安全的投资选项，使慈善信托财产保值增值。第二，万向信托的账户体系可以为机构及捐赠个人提供直观的账户体验，用户可以进行账户的查询、指令下达等一系列操作，大幅提升捐赠人的投后体验。万向信托服务接口作为一站式接口，为慈善组织设立单独信托账户进行资产管理，在一个账户配置金融产品、管理财产权，并协助慈善组织优化现金流管理，提升投资管理的水平。第三，万向信托使用链上流转的方式，可以使整个慈善链条的每个环节的运营效率大幅提升，且受益人的真实性问题也得到解决。而区块链的智能合约可以将慈善捐赠协议中的条款编程实现，利用外部“状态机”来实现链上、链下通信，使得资金和物资实现自动划拨，减少人为干预，增加慈善效率。

2. 供应链金融

2017 年上半年，万向区块链开发了一个供应链金融服务平台，以优化应收账款融资流程。目前整个供应链市场的产业框架主要由核心企业与传统金融机构组成。核心企业是信用载体，利用区块链连通供应链上中小企业的个体信用，为整条供应链提供流动性。万向区块链打造的供应链平台正是利用了区块链技术对供应链交易进行管理，并引入金融机构解决中小供应商的融资难、融资贵的问题。

这个平台旨在平衡上下游企业的利益关系，稳定供求关系，加强应收账款的有效管理，促进产业链闭环良性发展。它在促进金融市场“穿透式”监管等方面也可以发挥了重要作用。2019 年，万向区块链与江西银行、正邦科技在供应链金融平台的首笔业务落地。万向区块链和正邦科技以及供货商合作，将其供应链业务流程搬到万向区块链供应链金融服务平台上，并引入江西银行等金融机构，解决三方角色痛点。依托“供应链 +

区块链”两大核心技术，正邦科技成功地将信用传递至下游中小企业，并且利用智能合约实现划款的实时性，进而提高整个供应链的现金流周转。供应链金融服务平台解决了金融机构及下游中小企业的信息不对称问题，融资成本得以大幅降低，江西银行也可以了解真实交易情况，为更多小微企业提供金融服务。

此外，为构建链下信任关系，万向区块链尝试使用“区块链+物联网”的方案，将以往信托、金融机构视为风险过大的目标资产，进行链上和链下的对应映射，利用物联网监控货物情况，大大地解决了信息不透明的问题。如大宗商品贸易融资对金融机构而言风险系数过大，造成大量的存货积压在仓库及厂房，而生产厂商和贸易商的融资需求得不到满足。万向区块链与仓库、银行合作，将仓储信息、货权信息写到区块链上，使货权更为清晰。另外，万向区块链尝试利用物联网设备和技术监管货物，这样货物不仅安全且清晰可见，许多资产的风险系数得以大幅降低，也提升了整个供应链的流动性。区块链保障了链上数据的安全，而物联网保障链下资产的安全。

3. 汽车整车物流供应链

由于万向区块链本身是做汽车零组件起家的，对汽车行业供应链痛点深有感触，这些问题包含承运商及物流公司“断链”、账期过长、融资不易等。基于上述痛点，万向区块链把所有的订单信息、物流信息、发票信息等都登记上链。2018 年 11 月 30 日，上海万向区块链股份公司、中都物流有限公司、星展银行（中国）有限公司于上海联合宣布，基于区块链技术的“运链盟—汽车供应链物流服务平台”正式上线，它便是基于解决上述痛点而落地实施的区块链平台。

在整车物流的场景中，货车车主都是个体户，无法提供整套文件到银行申请贷款。这个领域的运费一般有三个月以上的账期，而一个货车司机每天要发生费用，有时候会出现资金紧张的情况。现在，星展银行和万向区块链一起合作，在平台上面发放低息的贷款，这样货车司机就不需要再以 15%~20% 的利率从民间借贷了。当主机厂要运送一批车，这些信息从发送订单开始都登记在区块链上之后，所有的数据都是可信的。货车司机如果要把北汽的三个月账期的应收款债权卖掉，星展银行就可以承接过来。这个平台极大地降低了个体户承运商的融资难度。这是互联网解决不了的，区块链作为一个信任机器，可以通过分布式账本，利用不可篡改性和接近零交易成本来建立这样的信任。

万向区块链打造的运链盟有四个特色。一是企业合作协同，运链盟与供应链企业管理系统深度融合，整个产业链能做到数据共享，提高整体运作效率。二是业务穿透，区块链可以记录关键业务数据，贯穿整体物流业务，并保障数据真实可靠。三是数据主权确立，运链盟平台利用非对称加密确保业务数据归属业务相关方所有，其他企业与平台服务方无法触及。四是联盟治理，平台拥有一套支持和鼓励核心企业加入联盟的治理机制，有利于平台快速形成行业生态。通过利用区块链技术深耕企业根本需求，站在企业角度考虑问题解决，这个平台在逐步建立区块链生态体系。

万向区块链旨在打造一个传递价值的共享经济平台，能够将价值更加平等地分布在整条链上。“强者恒强、弱者恒弱”的现况未来可能随着区块链技术的发展而消失。在这样的业务模式设计里，主机厂每传递一笔应收账款凭证到四级或五级供应商，获得利差收入的过程中，也得以把收入的收益分享给传递过程中的每一个环节。因此，不仅末端的供应商愿意使用这样的模式获得融资、缩短账期，中间的每一级供应商也希望这样的凭证能够流动起来，来缩短自己的账期，以此获得传递凭证的收益。

同时，万向期望利用区块链对传统供应链金融模式和业务流程做出改变，将金融服务场景化，无论是汽车供应链物流还是供应链金融，都是一个个区块链应用场景，将所有领域细分化、场景化分别解决，结合链上、链下的信用流和资金流，最终构成整个产业的生态。细化来说，在运链盟平台，中都物流的业务是场景，区块链进行场景重构后，将银行的金融系统和服务衔接到场景中，使信息更对称更透明，降低银行的风险。截至 2019 年 12 月，平台已有企业 53 家，平台上发生的融资金额已接近3亿元。

小 结

区块链与物联网、云计算、5G、人工智能结合可以衍生出来很多新的机会。区块链结合数据隐私保护的机制，对人工智能来说非常重要。可以说，在隐私保护这方面，目前没有第二种技术比区块链做得更好、更有效。

中国的区块链创业者还在探索“区块链+普惠金融”和“区块链+产业”的应用方向。前文提到的运链盟项目就属于普惠金融的应用，一方面支持了实体经济，另一方面能让原本不能得到银行服务的人享受到了银行服务。

中国的企业在尝试使用区块链技术时，通常需要从联盟链入手，从而更好地满足合规方面的需要。业界可以考虑从分布式的商业应用做起，从“区块链+”做起，从探索区块链和物联网、区块链和人工智能以及跨技术平台的融合创新做起，逐步探索区块链技术的应用前景。

第八章
区块链的治理机制

谈到区块链的时候，人们会说，它是一个去中心化的经济机制。如果要用一句话说清楚，2015 年英国《经济学人》杂志的封面文章题目足以概括区块链的本质——《区块链：信任的机器》。

在社会中，人和人之间最核心的经济关系就是交易，而现代社会的交易大多离不开中介机构。2003 年淘宝横空出世以后，阿里巴巴推出支付宝充当网上交易的中介方；现在我们所使用的银行卡，大部分都是由银行这样的可信机构来发行的。在区块链技术出现之前，互不信任的交易双方是无法在脱离中介机构的情况下安全地履行交易的。区块链实际上就充当了实现信任的机器，用一套数学算法让陌生人在不借助于第三方的情况下完成金融或商品交易。这就是区块链最核心、最本质的作用——促成信任。

区块链如果要适配大规模的商业应用，仅有技术是不够的，还需要有激励和治理机制，这两者最后会转化为技术并落实在代码的层面上，还将涉及经济学和制度设计等元素。

加密经济学

加密经济学是区块链领域的一个流行词。在区块链技术出现后，很多经济学家开始关注相关的经济问题，并提出了“加密经济学”的概念。

2009 年 1 月，中本聪启动了比特币网络。可是到 2011 年他就从网络上销声匿迹了。经历了多年的发展后，比特币这个网络的价值由谁在享受？那就是加入这个网络的所有使用者，而不是某一个股东、董事、管理层或员工。有人说区块链经济才是真正的共享经济，因为它没有中介机构或股东来瓜分利润，任何一个人加入这个网络，都可以根据其贡献得到应有的价值。

在工业社会，要让生产到达最高效率，需要流水线、大规模的生产及公司这种组织形式。区块链可以代替工业社会中的很多结构，这就是加密经济学正在研究的问题。加密经济学的出现，归根结底是区块链等新兴技术会重构工业经济的很多规则。

尽管加密经济学并不是一个成熟的理论体系，但它确实给区块链和数字经济时代带来了很多新的问题。这些问题不仅仅考验着实业界，同时，也考验着理论界和经济学界。在加密经济学出现之前，还有互联网经济学、网络经济学、虚拟经济学等流派。凯文·凯利和谷歌的首席经济学家范里安被人们视为网络经济学的鼻祖，他们讲述了互联网对很多对经济学规则的冲击和重构。例如，“网络效应”就是其中的一个重要的理论。要说明网络效应，可以举个简单的例子。一个只有 1 台手机的电话网络是毫无价值的，而当网络中的手机数量增加到 2 台后，就形成了一对网络关系，4 台手机则会带来 16 对网络关系。当网络中的手机数量增加到 10 亿台，可想而知其价值会如何呈指数级增长。

网络效应解决了“公地悲剧”这个经济学问题。例如，一块公用的草地被无限多的人在上面放牧，就会变成沙漠。然而，在互联网上，越多的人加入某个网络，这个网络的价值就会越高，这被称为“公地喜剧”。那么，这个网络依据网络效应所带来的价值是谁创造的？其实，大部分的价值是由用户创造的，跟运营和维护这个网络的公司关系不大。既然如此，能否将价值归还给用户？基于区块链和加密经济学的研究，有望为这些问题提供答案。

区块链治理的奥秘？从全球经济百年发展谈起

区块链上发生的活动，归根结底也是经济活动。那么，也可以借用传统经济活动中的分析手段“两分法”（市场和政府的关系）来分析问题。市场是“无形之手”，而政府是“有形之手”。当市场失灵的时候，就需要政府的有形之手来管制；当政府管制失灵的时候，就需要用市场的无形之手来补充。

在过去的 100 年间，全球经济发展所出现的一些重大现象，都离不开市场和政府的关系调节。1978—1982 年，中国、英国和美国都做了同一件事情——推动市场经济的发展。在英国，撒切尔夫人主张出售国企和放松管制，而在美国里根总统也采取了类似的手段。里根上台之前，美国对经济的管制非常严格。举一个例子，在当时有一个说法叫作“欧洲美元”，它关联的就是欧洲美元利率，为什么会出现“欧洲美元”？因为当时的美国是严格管制利率的，20 世纪 70 年代美国创造的货币市场基金，就是源于利率管制——因为存款利率被管制之后，利率在投资工具上反而是不受管制的，所以货币市场基金应运而生，这致使美元在欧洲形成了完整的美元市场利率。

各国政府对经济的强力管制手段可以追溯到 1930 年前后。苏联在 1928 年推出了第一个“五年计划”，这意味着人类历史上第一次有国家要通过政府之手，强制性干预经济并规划经济的发展。1930—1934 年，罗斯福总统在美国实行新政，也是想运用政府这个有形之手来补救市场这个无形之手下出现的大萧条。

20 世纪 30 年代的美国大萧条又是怎样产生的？这可以追溯到 1900 年前后。那时出现了各种各样的新技术，大规模的供电网络、无线电、福特的生产线流水线，极大地提升了生产效率。于是便出现了“柯立芝繁荣”的现象。柯立芝于 1923 年当选为美国总统，他认为经济应该自由发展，不需要政府的存在。

这种对效率的过分追求最终导致了经济大萧条。经济大萧条之后，人们开始反思，“我们不能过分追求效率”，继而政府开始出手干预。而一旦追求公平达到极致，效率就变得极其低下。于是，人们又重新反思，“我们也要追求效率，不能只讲公平”。在里根就任美国总统并实施“里根经济学”之后，美国市场一直非常繁荣，直到 2008 年全球金融危机的出现才改变了这个情况。那场危机的根源也在于过分追求效率，金融机构以追逐利益为唯一目标，把资金借给完全不具备贷款条件的人，造成了贫富悬殊和金融风险的放大，最终引发了金融危机。

那么，除了政府和市场，还有什么力量能够调节经济？在过去几十年的时间里，有七位诺贝尔经济学奖得主在研究市场和政府之外的第三方力量——“自组织”，即自主组织和自主治理（如 2009 年首位诺贝尔经济学奖女性获奖者埃莉诺·奥斯特罗姆就在做这方面的研究）。在跨主权、跨经济主体、全球性的公共事务方面（如全球气候变暖、水污染和反恐问题），自组织已经展现出其效用。

实际上，自组织就是脱离了中心化的控制机构或公司的组织方式。几十年以来有很多的案例和理论推导证明在某种情况下，自组织比企业或者比政府更具有效率，能够更好地创造社会福利。而区块链技术让我们能够探索新型的模式，更好地发挥自组织在经济活动中的治理效率，进一步探索自组织对社会福利做出的贡献。在区块链技术的加持下，自组织这种形态的作用可能会变得比以前更重要。

为什么比特币区块链的上线时间和自组织理论相关的诺贝尔奖颁发都发生在2009年？大概率是因为在其前一年（即2008年）发生的全球金融危机，让人们看到市场这只无形的手已经失灵了，政府有形的手也失灵了，所以有一帮技术极客主张要改革央行的货币发行机制，建立一套用数学规则自我限制的货币发行体系。这就是比特币区块链之所以能够产生的背景。

我们为什么要回顾历史？因为可以从这些历史去看区块链。很多人都将“去中心化”与区块链相提并论。确实，从技术特性上看，区块链是去中心的，因为它把中介角色去除了。在经济交易活动当中，所谓的“去中心”有以下几种含义。

第一，人们在完成一笔交易的时候，不再需要第三方，就是将第三方这个中心移除了。

第二，以前人们在开展经济活动的时候，需要有一个组织来维持运作，它可能来自各种各样的商业机构。然而，在区块链上所从事的经济活动可以不再需要像“公司”这种的组织形态。

第三，除了不需要这个组织，还在激励机制上脱离了对中心化机构的依赖。以前，大部分人都会为中心化的机构服务，这个机构负责工资和奖励的发放，为人们定义职责，制定措施激励人们的工作。而在区块链上，就可以脱离中心化的机构而另行建立一套激励机制了。

区块链的去中心化治理机制，是由其一层层的技术特性支撑起来的。

首先，密码学算法——区块链的账户体系是基于非对称加密算法设立的，开设账户的成本极低；区块链上所用的哈希算法确保了数据的不可篡改性；还有零知识证明、同态加密、安全多方计算等密码学解决方案，可以保护参与方的隐私。

其次，激励机制。在公有链上，数字货币成为其激励机制的核心。倘若将公有链上的数字货币元素去除，得到的就只是一个分布式账本。因为公有链是完全去中心的自组织形态，以比特币区块链为例，它没有公司股东会、董事会、管理层，也没有员工、经营场地和收入，更没有资产和负债表。但是，它却能够持续运行了 10 年之久。人们购买特定的硬件设备在比特币区块链上从事“挖矿”活动，就是为这个公有链提供服务，并赚取相应的报酬。倘若没有激励机制，就不会有人提供硬件和网络等资源来运行节点。此外，由于访问公有链网络是无须许可的，数字货币在一定程度上成为使用这个网络的成本，从而增加了恶意攻击者任意往账本上写入垃圾信息的难度。如果没有了数字货币，公有链是很难维持运作的。

一般来说，不管是银行还是商业机构，都倾向于使用分布式账本技术（即没有数字货币的区块链），像供应链金融、贸易金融、企业的区块链溯源等场景都是这样。毕竟，分布式账本技术更能与现有的商业体系、金融体系相结合。反过来也可以说，公有区块链技术一定会生长在颠覆性的商业场景里，而不大可能对接到现有的体系，因为它所带来的冲突太大。至少在未来的一两年之内，看不到它们对接的可能性。

共识算法的演变：应用驱动需求的变化

去中心化强调公平，反过来中心化强调的是效率。公平与效率的问题并不是区块链所独有的，过去的一两百年间，整个人类社会一直在两者之间摇摆，不可调和。因此我们要明白的是，当区块链要真正落地到不同的商业应用场景的时候，对公平和效率的要求是不一样的。采用什么样的技术手段，重点在于商业目的。如果这个场景需要极端公平，那么可以用极端的去中心化的方式来实现；如果是极端追求效率，那就必须用中心化的方法来实现，例如，当需要每秒处理 30 万笔交易的时候，就最好采用类似支付宝这样的中心化交易确认机制。

区块链的共识算法应该在极端的去中心化和极端的中心化之间、不同的商业模式之间寻找各自的平衡点。目前主流的区块链共识机制开始从工作量证明机制（PoW）逐渐切换到权益证明机制（PoS），这是顺应了区块链应用需求的变化。权益证明机制是如何产生的？是因为公有区块链上的业务量及业务种类越来越多，而工作量证明机制不足以支持，加之很多事情并不需要极端公平，于是权益证明机制就应运而生。

我们其实可以把工作量证明机制看作用单纯的数学方法解决公平问题的尝试。而权益证明机制除了数学方法，还囊括了很多制度设计的元素。归根结底，制度是由人来制定和执行的，即便某个人的选择是由机器自动执行的，最后还是代表了人在投票和决策。

经济活动有两种方式，一种是由市场的方式来组织，即自下而上、分散决策；另一种是由企业的方式来组织，即自上而下、集中决策。区块链自下而上、分散决策的机制更像经济学上讲的“市场”。区块链为各产业带来很大的变革，让企业的价值显得没有那么重要了。然而，市场有时候也会失灵，如果以此类比，区块链也会有失灵的时候。其实，区块链上的治理跟过去 100 年人类社会追求的道理是一样的——当无形之手失灵的时候，需要有形之手来管制；有形之手失灵的时候，也需要无形之手来补救。因此，在区块链上用权益证明机制加上制度和规则的设计，也许是解决商业应用的一个最合适的方法。

区块链治理机制的六大特征

区块链治理机制的第一个特征是分布式架构。现在，分布式已经成为一个流行词了。移动互联网的深度发展，催生了像 Airbnb（爱彼迎）和滴滴这样的分布式商业形态。不过，它们依然依赖于某个特定的中心化商业公司来运作，只是提供服务的主体成为分布式的存在。真正意义上的分布式技术包含了分布式网络、分布式存储、分布式账本、分布式计算等元素。在人类社会的数字化迁徙程度越来越深的时候，原有的网络技术架构不足以承担这么高频率、这么巨大的数据传输、存储和使用需要。于是，分布式计算、边缘计算等概念开始备受关注。人们在总结物联网发展趋势的时候，将物联网分为了 1.0、2.0、3.0 这几个阶段。在物联网 3.0 时代，传感器或者芯片本身就具备了计算的能力，这样传感器的数据就不需要通过网关传送到中心化的系统里去计算，而是在物联网的边缘端就能直接执行计算任务。在这样的技术和商业模式的推动之下，最后整个社会结构也会趋向于分布式社会，而区块链将会成为这样的商业模式、社会结构、组织模式的基础设施。

区块链治理机制的第二个特征是共识。我们知道区块链技术都起源于社区组织，从最早的比特币区块链开始，目前绝大部分的公有链都是以社区的方式在运行。在这样的社区组织下要对这个系统做任何改进，只能是通过全网的共识来达成。这些需要共识的事项包括了记账方式和各类规则的更改。要是从共识机制来分析区块链的三种类型（公有链、私有链、联盟链），可以看出：（1）公有链在共识达成的问题上追求彻底的民主，不存在中心的裁决者；（2）私有链不需要实现彻底的民主，可以是中心化的机构来做最后的裁决；（3）联盟链在达成共识时要求民主的程度比公有链要小一些，但是比私有链要大很多。

区块链处理共识分歧的最根本方法就是“分叉”，即从特定时间点开始运行另一个账本。尤其是在公有链上，分叉往往是解决分歧的最主要方式。像以太坊这个公有链发展到今天，其社区的活跃程度和网络的稳健性，就是在几次分叉的过程中逐步形成的。现在比特币社区里都在争议比特币的分叉问题，但那些言论大部分都是被既得利益所束缚。如果比特币区块链不能处理这些分歧，两三年之后，它的价值会比现在大打折扣。

区块链治理机制的第三个特征是加密机制。第一代互联网是一个透明的互联网，现在人们愿意牺牲掉一部分隐私来获得便利，如果这种情况继续下去，总有一天所有人都将无法忍受。假如我们的医疗活动完全在互联网上运行，所有的病历、就诊信息都有可能让无关的人窥视，影响该有多大？加密机制是第二代互联网必不可少的元素。可以来回顾一下，发表于 2008 年的比特币白皮书的题目叫《比特币：一种点对点的电子现金系统》，其中特别提到了匿名性机制。不管是央行的数字货币还是其他行业机构发行的数字货币，匿名性（或者说是隐私保护的特性）都是相当重要的，这是它与传统的电子支付系统方案的重要区别。数字货币结合加密机制，能够更好地保护人们在互联网上的交易、支付行为。当然，数字货币的匿名性与现金还是有差别的。对央行而言，现金交易几乎是无法追踪的，而数字货币的匿名性和监管友好性之间并不存在不可逾越的鸿沟，完全有可能在保护交易隐私的同时提供反洗钱等方面的监管工具。

区块链治理机制的第四个特征是共享，缺乏共享精神的系统都称不上是区块链。共享体现在两个层次上，一是所有的参与方在一个账本上共享所有账目信息；二是在这个账本上，多种信息和多种事务同时共享。传统的账本是由不同机构分开记录的，比如银行记的是资金账，物流公司记的是物流的信息账。在区块链的分布式账本上，资金、信息、物流、设备运行的数据，都可以在一个账本上被共享。只有这两个层次的共享，才能真正地把区块链打造成一个完全无须信任中介的多方高度互信、高度可信的平台。

区块链治理机制的第五个特征是穿透。在区块链出现之前，各个特权参与方（如监管机关、律师事务所、会计师事务所、公证处等）都无法穿透到最底层的信息。而通过区块链和对应的机制设计，各个特权节点就可以在区块链账本上穿透到最底层的信息。这些特权节点虽然不参与确认交易和记账，但是可以根据自己的法定角色，参与到区块链上的监督工作中。例如，以往银行业的监管者只能看到一个银行总行报给他的数据；而在区块链上，他可以根据需要直接穿透查看任一银行储蓄所的数据。

区块链治理机制的第六个特征是开源，任何不能开源的区块链都不是一个完整的区块链。开源主要体现在两个方面，一是底层通用协议的开源，这是去除信任中介的一个基础。现在很多公司宣称自己建立了区块链的底层协议，但这个协议若不能开源，则很难被参与方验证，也很难让人相信。二是区块链上的数学算法模型必须开源，需要让其他人去验证它的可靠性和科学性。做到这两点，才能用区块链建立一个真正的信任机器，因此开源是必然的要求。

要让区块链适配商业应用，不仅需要技术，还需要经济激励机制、治理机制等规则，让人们按照这套规则自主地、自组织地行事。因此，技术、经济激励机制和社区治理机制要实现充分的模型化、算法化、代码化，大规模的商业应用才有可能发生。需要说明一点，分布式商业并不是旨在取代现有的公司或取代政府对市场的管制。在市场失灵的时候，政府的管制是必需的。然而，随着我们的经济越来越数字化，原来的规则、机制和理论难以应对日益出现的新问题。因此，自组织的分布式商业会与市场机制、政府管制一起，互相协调配合，发挥相应的作用。

链内、链上和链外：从商业应用的角度看区块链

从应用结构的角度来说，区块链分为链内、链上和链外。

链内是技术的世界，由共识算法、密码学和博弈论组成，是去中心化的技术底层。互联网是一个信息机器，而区块链是一个去中心化的信任机器，这是互联网和区块链的区别所在。

链上是 DApp 的天下，可以称为分布式的商业世界，不过它也不一定是完全的去中心化。任何一个商业形态，最后一定有利益者，正所谓“无利不起早”。如果非要认为区块链上的所有商业形态都不会有一个利益主体，那是反人性的，最后一定无法规模化发展。

链外就是现实世界。现实资产上链是否需要中心化的背书机制？把房产上链流通了，难道不需要房产局证明产权？因为当资产从链外登记到链上的时候，往往需要一个中心化的背书机制，所以逃脱不了中心化的元素。互联网就是一个去中心化的技术，而它照样能生长出百度、阿里、腾讯等中心化的互联网大公司。

公有链的经济特征

第一，去中心化的信任机制，跟它相反的就是中心化的互联网信任机制。

第二，在去中心化的信任机制下，催生了很多新的商业模式和交易方式，并建立了基于数字货币的激励机制，用于代替股权等利益分配方式。此外，数字货币具备交易成本极低的特点，能够支持高频小额支付，因此未来的共享经济、分享经济、零工经济的应用，有望在区块链的加持下发扬光大。例如无人驾驶汽车可以设定上班时间由主人使用，而剩下的时间就加入共享网络里，并根据所提供的服务自动收取报酬。

第三，是社区自治的治理机制。在一个无主网络里也要讨论修订很多规则，这是用社区共同参与的方式来进行，而不是用开董事会、股东会的方式自上而下做决定。这样的治理机制在区块链上叫分散化决策机制，在经济学上叫市场化决策机制。区块链的独特机制让我们可以脱离对中心化的决策机制的依赖，用经济学上成熟的市场化决策机制、分散化决策机制，在维持高效的决策效率情况下保持体系的运作，这在以前是做不到的。

区块链可以没有公司

诺贝尔经济学奖得主科斯教授说，公司之所以存在，是因为公司内部组织经济活动的成本低于市场的成本。如果经济的摩擦系数变成零或者趋近于零，就不需要用一个自上到下的中心化决策机制来进行商业决策了，这是去中心化的根源。

因此，区块链可以不依托于公司而存在。例如，比特币网络在 2009 年 1 月 3 日上线，它是一个存在于互联网世界里面的无主网络，没有法律实体，没有在现实中的任何机构注册。同时，它没有股东、董事会、管理层、员工，也没有经营地点、法律主体、运营资金、中心服务器，可谓“八无”公司。但这个网络运行了 10 年，没有出现过一秒钟的宕机事件，也没有发生过一笔错账，这是任何一个中心化网络都不可能做到的。即使是金融机构的系统，也可能会出现系统宕机的情况。

不同的参与者在特定阶段为这个无主网络做了不同的事，例如创始团队负责把最早的网络搭建完毕，非营利性基金会负责后期的运营，社区开发者负责优化这个网络并带来更多的应用、用户和商业价值。这些人不是股东关系，是利益相关者、共同参与方和合作伙伴的关系。

股东利益最大化是过去几十年奉行的公司治理的最高原则，现在这句话已经过时了。在 2019 年美国商业圆桌会议上，摩根大通首席执行官代表出席会议的大型企业发言称，他们一致决定摒弃股东利益最大化这条原则，将追求企业经营与社会福利的平衡发展。因为股东利益最大化追求到极致，就是按照季度衡量首席执行官对实现股东利益的贡献，这促使一家公司的经营目标变得越来越短期。此外，马云说客户第一，员工第二，股东第三。因为在互联网时代，在数字经济时代，只有更多考虑长期，才能实现各方价值最大化。区块链主张每个参与方的利益都是合理的，都必须得到保障。这个经济体的收益会通过一套事先约定好的规则和由计算机自动执行的智能合约，在利益相关者之间进行分配，全程无须法院、中介机构等角色的参与。

下一个问题来了，如果公司没有存在的意义了，为了保护公司等商业机构利益而存在的产权保护还有价值吗？在区块链社区，大部分的项目代码都是开源的，人们可以自由使用甚至抄袭这些代码，都不需要经过任何人的允许或支付任何费用，技术的“护城河”几乎不存在。如果公司制度和产权理论都可以重新思考，那么现代经济制度的很多元素也会面临重构，如生产者和消费者之间的关系和激励机制等。当这些东西被改写后，最终出现的就是分布式的商业形态了。

终　篇
人类将加速完成数字化迁徙

历史上任何一场全球性事件都会给人类生活、企业经营、国家治理乃至国际关系带来巨大的改变。2020 年初，在全球暴发新冠肺炎疫情之时，通过使用量激增的远程会议、互联网软件等应用，大多数人都更强烈地感受到了席卷而来的数字化浪潮，并意识到人类将在这个与物理世界平行的“数字世界”里开启数字化生存。

20 世纪 90 年代以前，人类为数字化迁徙做了很多准备，但 20 世纪 90 年代数字化迁徙才真正启程。1994 年，时任麻省理工学院媒体实验室主任尼葛洛庞帝所著的《数字化生存》一书是数字化迁徙的重要标志。它可以被看作是人类社会数字化迁徙的启程号角。

通过从 1990 年与 2019 年的前十大上市公司的对比变化，就可以看出数字化给我们这个世界带来的翻天覆地的改变。1990 年，前十大上市公司中有六家是银行，没有互联网及软件公司；2019 年，前十大上市公司中有七家是互联网及软件公司。

数字化迁徙遵循的是摩尔定律、网络效应、零边际成本、指数级增长等规律。它在组织商业资源、创造经济价值、增加社会福利方面效率极高、成本极低。这就是互联网巨头拥有超高市值的底层逻辑，视频会议工具 Zoom 是这个逻辑的最新例证。2019 年底，Zoom（视频会议公司）还只有约 1 000 万用户，在疫情这个特殊时期，只用了 3 个月的时间，用户数就迅速增长，超过了 2 亿。

经济转折点："新基建"与"新能源"

就我个人观察，有几件事是非常带有预示性和启示性的。第一件事，中国政府提出加快新型基础设施建设（以下简称"新基建"）。中国的"新基建"基本上可以看作数字经济基础设施建设。5G、人工智能、物联网、工业互联网和区块链成为数字化建设的基础工具。

第二件事，埃隆·马斯克宣布启动 Starlink（星链互联网计划）。Starlink 在地球这个物理空间之上建造了一层数字空间，"寰宇一网成就寰宇一家"。1.2 万个卫星连成的互联网，将改变时间和空间、经济与社会。

第三件事，也是最重要的事就是 2020 年 4 月石油价格的暴跌，美国原油期货跌至负几十美元，这当然是偶发的市场踩踏事件，但这样一个极端事件一定有它的警示性和预示性。它意味着经济动能、经济能源转换点的到来。众所周知，以石油为代表的化石能源是工业文明的核心能源；而到了信息文明时代，数据将取代石油成为新的核心能源。这次石油价格出现负值的极端性事件，事虽偶发，实属必然。它标志着能源转换点到来了。

我的朋友王川（网名“硅谷王川”）从2014年开始，在业界普遍乐观预测电动汽车的未来时，就悲观地预测过石油价格将一路走低。底特律的汽车行业依赖的是物理思维，而硅谷造车利用的则是软件思维。一辆传统汽车有3万多个零部件，而一辆电动汽车只有3 000多个零部件。传统车厂上百年积累的汽车发动机技术，一夜之间价值归零。特斯拉最大的价值是一套能够很好地管理7 000多块电池的软件系统。它用软件重新定义了汽车。而2020年，完全依靠数据的收集、传输、互动、计算、决策来驱动的无人驾驶出租车，已经在长沙、广州等好几个城市试运行。私人汽车、商用车加上航空器械一起占用了全球超60%的石油供应，而“汽车”一旦变成无人驾驶的“电动车”，它“喝”的将是数据。无怪乎“石油”的重要性会越来越低。

王川戏谑道：“石器时代的结束并不是石头没有了，石油时代的结束也不会是石油消耗完了。”它们只是被时代的进步甩在身后而已。

经济新驱动：互联网、区块链、云计算、人工智能

过去 10 年，很多数字化迁徙工具的成熟，是数据能够取代石油，成为驱动经济发展的“新能源”的重要因素，也形成了经济新的驱动力。这其中有四个最重要的力量：一是互联网和物联网。互联网和物联网解决了大规模、高效率、低成本收集海量数据的问题。二是区块链。区块链的分布式数据库、分布式总账，解决了大规模、高效率、低成本信任海量数据的问题。三是云计算。云计算解决了大规模、高效率、低成本存储和计算海量数据的问题。四是人工智能。人工智能解决了大规模、高效率、低成本使用海量数据的问题。

就像冶金技术的成熟帮助人类进入铁器时代一样，量变引起质变，这几个数字化核心工具的逐渐成熟，让我们能够轻易得到和使用海量数据。

从数据要素市场的角度看，能够进行商业化交换、共享和交易的数据，可以分为三大来源：第一类是个人数据，包括了个人在互联网上遗留的各种行为数据和作为一个生命体所具有的数据，如基因数据、医疗数据等；第二类是机构数据，如政府、社区、商业组织等相关数据；第三类是机器数据。2014 年 IBM 的物联网白皮书预测，到 2050 年全球会有超过 1 000 亿台机器联网，分分秒秒都在产生数据。而全球人口到 2050 年大概不会超过 100 亿人，机器的数据将比人的数据多几个数量级。

绝大多数的数据，今天我们还没有用到。物联网、工业互联网还刚刚起步，机器数据这个“宝藏”还没有被挖掘；各行业机构所拥有的数据碍于法律限制、产权保护和商业秘密等，到目前为止还没有很好的应用之道；而个人数据，除了互联网上的行为数据得到很好的运用，生命数据、基因数据、医疗数据因为隐私保护问题没有解决，也无法很好地利用。

对个人行为数据的有效利用，创造出了像阿里巴巴、腾讯这样的魔力无边的“商业智能”。倘若上述三大来源的数据都能进入数据要素市场，通过数据的交换、共享和交易，人类将能创造出更加伟大的社会智能和人类智能。未来 10 年、20 年，基于数据驱动的数字经济或信息文明将会是一个波澜壮阔的历史进程。

经济新要素：数据要素市场重新定义

因为数据的特殊性，我们设想中的数据要素市场体系结构，也就与现有的各类交易市场完全不同。现有的股票市场是所有权交易市场，买入某家公司的股票就代表你拥有了这家公司的部分所有权；债券市场是收益权交易市场，你买入债券就获得了发行者的还本付息的承诺；因为数据所有权的不可转移性，数据要素市场是使用权交易市场，只能允许你以某种方式、在某段时间、基于某种目的使用某种数据。

数据要素市场的交易组织形式，大概率不会采取像股票交易所这样中心化的交易撮合形式，它可能更像外汇市场。外汇市场全球 24 小时交易，交易撮合是分散化的，甚至是点对点的，只有清算环节是中心化的。数据要素市场也应该采取去中心化、点对点、全球 24 小时撮合交易的形式。现在的一些中心化的所谓“大数据交易所”，也许是违背了数据要素市场的内在规律。数据要素市场主要有以下几个特点。

第一，它是长尾市场，是分散化的市场。例如，科学家需要在茫茫人海中找齐 1 万个病例才能有效地进行医学研究；保险公司要找齐 1 万辆汽车的数据样本才能开发一款保险产品，而这些汽车的所有权基本上是分散的。

第二，它是多方许可、多次许可的市场。比如，个人的基因数据许可供很多个科学家使用，对于人类社会的整体福利一定是最大化的，对于个人的价值也是最大化的。多方许可、多次许可是数据交易市场的特点。

第三，它是去中心化、点对点的市场。一旦数据的确权变得容易、可信和低成本，数据所有者则会扩大化、分散化，要收集和使用数据，最有效的模式应该是自由市场模式，进行点对点的交易和去中心化的交易，而不应该是自上而下的中心化模式。

第四，它是非标准化的交易市场。资本市场是一个把非标准化的东西标准化的市场，数据要素市场会反其道而行。数据拥有者非常分散、数据使用者目的不一，同一数据也可以供不同目的的使用者使用。这比股票或债券的投资目的要复杂得多，资产也更非标准化。

那么，什么才是数据市场的基础设施呢？答案是区块链与隐私计算技术。

第一，区块链可以解决数据的可信问题。作为分布式账本，它具有只能增加、不可删除、不可篡改、不可回滚的特点，可以确保链上原生数据的可信度。

第二，区块链的链式结构具有可存证、可溯源、可审计、可定序等特性，可以很好地给数据产权确权。

第三，哈希函数、非对称加密、零知识证明等密码学算法可以保护数据不被偷窥、盗取和滥用，起到很好的隐私保护作用。

第四，数据交易。数据隐私保护并不是最终目的，数据需要共享和交换才能呈现价值。这时候可验证计算技术、同态加密技术、安全多方计算技术等密码学技术的结合，可以解决在数据加密之后的协同计算问题，这方面的技术统称为“隐私计算”。

第五，价值交换。数据是否交换和共享，核心在于价值交换。区块链上的智能合约，能够为分布式、点对点的数据要素市场提供强大的价值交换工具。

第六，价值分配。在一个分布式、点对点的数据要素市场中，如何让相关各方在没有中心化担保方的情况下，信任各利益相关方的承诺，并且不增加构建这种信任关系的成本？这时可编程的数字货币就能够发挥作用了，可编程的数字货币加上智能合约使得交易具有不可人为操控的特性，一旦触发事前约定的条件，任何人都无法反悔。

附 录

访谈 1：不要只从利益角度，而要从历史角度看待新事物①

汤霞玲：最近最大的热点是央行数字货币，您怎么看待央行数字货币？您认为它会对区块链和数字货币市场带来哪些影响？

肖风：其实这方面的技术目前不够成熟，也没有一个商业机构在前面实践过，央行愿意尝试做法定数字货币，态度很积极，值得赞许。

央行数字货币的挑战是要找到需求场景。任何一种新的货币形态的诞生，一定是由需求驱动的。货币没有出现之前是物物交换，因为物物交换不方便，例如你牵两头羊，我牵一头牛，没法交易，才有了实物货币。又因为实物货币（如银锭和铜钱）携带不便，加上当时造纸术和印刷术都发展起来了，才有了纸币。

后面任何一次货币形态的变化都伴随着某一种新的交易或

① 本部分内容为2019年8月30日巴比特主编汤霞玲对肖风博士的采访内容整理。

者支付需求而产生。央行法定数字货币也是一样的，一定要有场景。央行数字货币是做什么用的？适用于什么场景？央行发行数字货币给银行，银行怎么用，怎么连接到支付场景上，怎么对接电商、社交等垂直领域？这是一个巨大的考验，也是一个决定成败的设计。

汤霞玲：我整体梳理了万向大会这几年请的嘉宾和主题，2015 年，您把维塔利克·布特林请到了中国，让大家首先看到了以太坊和智能合约的风口；2018 年是 Irisnet 和 Cosmos 这两个跨链项目，让大家提前看到了跨链技术的兴起，万向区块链大会成了行业发展的风向标之一。

肖风：万向区块链峰会举办 5 年了，我们非常荣幸地请到了很多海外优秀项目来中国做分享。万向区块链团队现在 200 多人，我们也会追踪和研究最新的趋势。

首先，关于金融基础设施。区块链带来了一场金融基础设施的革命，这是区块链和互联网的巨大不同。互联网是商业革命，不是金融的革命。基于区块链技术，2009 年比特币诞生了，于是区块链技术跟金融有了关系。天秤币项目出来以后，大家可以更加深入的来讨论这个问题。

其次，分布式经济生态，数字化经济的基本特点是跨境、跨组织、跨时空，必然要有新的金融基础设施来服务这种完全数字化的经济。区块链的应用，如果做不到这一点，就只是在做边际效应的改善，并没有应用到区块链的精髓。金融基础设施和分布经济生态，我们觉得会是未来的一个大趋势。

汤霞玲：从您这几年接触的海外项目来看，中外区块链发展的异同点有哪些？

肖风：海外更偏向技术创新，中国胜在市场规模。中国移动互联网和移动支付的大规模普及，充分证明了这一点。

在中国，微信和支付宝的体量都是几亿用户；在美国，贝宝非常成功，但美国总人口体量也只有3亿。无论是微软、IBM、脸书，还是其他公司要摊销研发成本，要赚到钱，就需要把产品和服务卖到中国来。因此，中国是不可忽视的一个大市场。

汤霞玲：原生区块链团队做公链，和传统企业进军区块链做联盟链，您比较看好哪一种力量？

肖风：纵观所有的技术发展轨迹，一开始的发明创新大多都是来自技术极客，而不是大公司。但是技术极客很难把新技术规范化和规模化。新技术，要真正发展成为很好的技术系统和经济系统，需要依靠有组织能力、有商业运行经验的正规部队。因此，这两拨人都很重要。

我也同意非许可型的公链是终极目标。但公链的很多做法比较超前，离现有的金融监管、法律体系比较远。联盟链就是在公链的基础上，提出的比较符合现有法律体系、合规要求的一个形态。

汤霞玲：万向也有区块链的投资业务，投资方向是怎样的？

肖风：2015 年，我们成立了 5 000 万美元的分布式资本，万向是单一有限合伙人。2018 年年底，我们又成立了 HashKey 这个集团，万向也是合伙人，但吸引了一些外部的资金。它们的投资定位是聚焦区块链技术和区块链应用。前几年没什么大项目，当时 20 万 ~30 万美元或许只能占 10% 的股份，现在的项目普遍会贵一些。我们已投项目里海外项目占 70% 左右，接下来会更多看区块链应用方向的项目。

汤霞玲：区块链领域一直在讲共识，但在认知层面区块链却是一个最没共识的圈子，您怎么看待这个问题？您觉得区块链圈子最大的共识是什么？

肖风：我认为，现阶段没有共识比有共识好。现在行业发展尚处于一个发散的阶段，这么初期的行业，没办法判定谁有前途、谁没前途。

我 1989 年就来到深圳从事金融行业，回头去看，现在在区块链行业中发生的各种各样不合规、不合法甚至诈骗的行为，并没有比那个时候更糟。这一轮数字货币价格上涨的行情如此分裂，就说明市场会自动清洗，即“市场出清”。用历史的眼光来看，现阶段存在的乱象不过都是历史发展中的一些代价而已。

汤霞玲：您作为资深金融从业者，为什么会对区块链好奇？区块链最吸引您的是什么？

肖风：区块链最吸引我的是经济模型。互联网偏技术一点，但区块链不光是技术，而是技术、金融和经济模式的结合。

区块链最重要的特点是分布式、去中心、自组织。一个自组织的经济系统，怎么激励所有的参与方？相互的权、责、利是什么？这就需要经济学上说的激励相容，让每个人都能得到正向激励，这个游戏才能长久地玩下去，变成一个“无限游戏”。这里面的经济模型很有意思，让我很着迷。

汤霞玲：您最近比较关注区块链哪个方面的发展情况？

肖风：我比较关注天秤币项目的出现对区块链未来发展趋

势的影响。我把天秤币项目看作第三代个人支付系统。第一代个人支付系统是 VISA、MasterCard（万事达卡）等，是基于银行卡做个人支付。第二代是微信和支付宝等移动支付，是基于移动钱包，用二维码付款。

天秤币项目是第三代个人支付系统。是跨货币、跨境、跨组织、点对点的个人支付，连换汇的流程都没有了，这会减少非常多的摩擦。

这对中国而言是个挑战。在第二代个人支付系统上我们好不容易超越了别人，但如果在第三代个人支付出现时，我们还在用原来的监管政策，也许就会落后。

汤霞玲：能否分享一下您本人学习区块链知识，构建系统认知的过程？有没有一些心得可以分享给大家？

肖风：面对一个新事物，不要只从利益的角度来看，还要从历史的角度来探讨。如果只从利益的角度看，就容易短视，就会变得很投机。如果拉长历史维度，你可以看到新技术 10 年、20 年以后，可能会带给金融市场的巨大改变，那现在的一些短视行为就没有太大的意义。

改革开放 40 多年，有些时候，你以为是你的本事，其实是你遇到了趋势。区块链是历史的潮流，用 10 年时间认真做事，做正确的事，最终也可以赚到钱，何乐而不为？

访谈 2：区块链领域能出阿里巴巴、腾讯级别公司[①]

借这个东风，加上自己的努力，我们会在“区块链+”方面继续发力。等来这样一天不容易，肯定会珍惜现在这样一个局面。

——肖风

联盟链、公链最终会走到一起

澎湃新闻：中国工程院院士陈纯比较看好联盟链，我们知道你认为公链也能发挥很好的作用。你怎么看公链、联盟链的前景？

肖风：现在有一个趋势，即公链与联盟链之间在靠近，比如万向区块链、微众银行、矩阵元三家一起做的联盟链 BCOS，

① 本部分内容为2019年11月5日肖风接受澎湃新闻的采访内容整理。

我们拿来做商业应用，微众银行拿去做金融应用。微众银行副行长马智涛在两年前就曾说过要做“公众联盟链”。联盟链最后一定会在技术条件许可、合规条件许可的时候，逐渐走向更开放。

其实蚂蚁金服在讲到联盟链的时候，也提到了“开放联盟链”。联盟链有它独特的地方，但公链也有只有它才能实现的东西。因此，不少人在实践过程中，慢慢就会发现，联盟链也会要求开放、变得公众化。

而公链在某种程度上也需要跟现有的监管体系、法律体系、合规体系对接，完全跟现实世界所有体系不对接的区块链，不可能有巨大的价值。

澎湃新闻：公链的效率是不是没那么高？

肖风：是的。这其实是一个非常古老的经济学话题，追求公平还是追求效率。当你过分追求效率的时候，就要在公平上面有所取舍。如果你需要整个网络上的人都一人一票进行表决，就一定不可能高效。公链就是一人一票，全网所有的节点达成共识之后，才能确认结果。它要求公平，因此就牺牲了效率。

联盟链就不需要这么多人，选几个我们认可的节点达成共识就行，这个显然比在一个网络上数百个、上千个、几万个陌生节点达成共识速度快多了。

澎湃新闻：天秤币项目也是一个联盟链？

肖风：它是一个联盟链，但是天秤币项目白皮书上写着，5年之后要走向公链，所以我们就知道为什么联盟链和公链会最终走到一起去。天秤币项目寻求在五年之后用公链来做它的基础网络。这两种技术，某种程度上最终会寻求一种融合，但能够融合到什么程度我们现在还无法预测。

澎湃新闻：两者的主要区别是不是激励机制？

肖风：技术特性上两者差别不大，公链和联盟链的最大区别就是加密经济学方面的区别。

第一，在合规上：许可跟非许可。即这个网络是需要经过审查才能加入还是不需要经过审查，人人都可以加入。公链就是不需要经过审查的，可以随时加入随时退出，完全由个体决定。

第二，就是它的激励机制和治理机制。治理机制就是刚才讲到的，私链是一家说了算；联盟链是几家说了算；公链是大家说了算。激励机制使用到了 Token 经济学的很多东西，相对比较复杂。

澎湃新闻：Token 主要是提供激励机制吗？

肖风：不只是一个激励机制，Token 还是一个很复杂的事情。Token 在里面起到的作用，现在还没有完全发展成熟，形态还不够完整。基于数字经济的数字金融，再到数字资产，既有代表货币功能的央行数字货币等稳定币，也会有只代表支付功能的一些代币。如中国人民银行发行了法定数字货币，而我以法定数字货币作为抵押，发行了我自己链上的币，就是央行法定数字货币的一个代币。

从数字经济，到数字金融，再到数字货币和数字资产，现在还不是终局。很多东西目前还没有出来，形态也还不够完善。

区块链领域能出阿里巴巴、腾讯级别公司

澎湃新闻：这次中央政治局集体学习了区块链，刚才你也讲到区块链技术目前还处于比较初级的阶段，怎么看这个时机？

肖风：政治局在开会学习 AI 的时候，AI 也还不成熟。但政府的鼓励和支持，是中国 AI 大发展的原因之一。

澎湃新闻：怎么理解把区块链作为核心技术自主创新的重要突破口？

肖风：在互联网时代，全球最大的 20 家互联网公司，基本

都集中在美国或者中国。可以说，在互联网时代，中国在全球处于很领先的地位，包括互联网支付。

2011 年、2012 年，人工智能开始发展起来，中国目前在人工智能领域，在全球所处的地位可能比互联网还要领先一些。这也是政府鼓励发展起来的。现在独立的一些 AI 公司，都是在政府大力扶持、鼓励人工智能技术之后成长起来的。例如做软件的商汤科技、旷视，做硬件的海康威视、大华股份等，这些公司在过去几年之所以能够发展壮大，与政府的大力支持是分不开的。区块链技术出现了。作为中国的最高决策层，他们看到的东西一定比我们多，会更敏锐地捕捉到这样一个先机。既然互联网和 AI 在政府的鼓励支持下，在全球都获得了越来越有利的竞争地位，那区块链为什么不能走上同样的道路呢？这么长时间以来，大家确信，区块链是生产关系的革命，其实和互联网非常相像。

基于区块链的分布式账本价值传输协议，我们一样可以做出像互联网时代基于信息传输协议的阿里巴巴、腾讯这样级别的公司。

澎湃新闻：互联网时代已经有了很多很好的应用，区块链方面是不是还没有出现像互联网级别的应用？

肖风：从 2009 年 1 月 3 日比特币正式上线开始，它其实就是区块链的一个应用。

澎湃新闻：但是也有一种观点认为，这是唯一一个比较成功的应用。

肖风：那只能说他不怎么了解区块链行业。区块链的应用随着区块链技术发展一直在扩大。在我们熟悉的传统行业里面，用区块链技术来变革现有流程，这就是“区块链 +”。为什么要无视区块链技术在供应链、物流、存证、溯源等方面的应用呢？这些都已 100% 的存在。在金融领域，DeFi 也在迅速发展中。

澎湃新闻：区块链下一步的突破点在哪里？

肖风：突破点在哪里没有人知道，所有预测在哪儿会突破，在哪儿会怎么样的，最好不要相信，因为没有人会知道，我即使说中了也是瞎猜，和投飞镖是一回事。

澎湃新闻：高层也提到说要明确主攻方向，你对此怎么理解？

肖风：我的理解主要有三个方面。一是区块链的技术和标准；二是区块链的跨技术融合创新，就是与人工智能、大数据、物联网等融合；三是区块链的应用，也就是“区块链 +”，比如在民生、智慧城市等方面的应用。这个也是共识，不仅是我们的共识，也是全球的共识。

做区块链要“乐观的冷静”，该踩的坑都会踩

澎湃新闻：万向准备怎么布局区块链？现在很多人都想投入区块链领域。

肖风：区块链技术一定是处于发展过程当中的。现在的技术完全成熟了吗？没有，可能还需要 5 年甚至 10 年。

如果你太冷静，那么这个世界不属于你，如果你太激进，那么没有等到黎明可能就倒下了。所以你得提前在这儿，等着发令枪响。如果你不在场上，发令枪响了跟你有什么关系呢？

同时你要明白，区块链技术不是万能的，并不是所有的东西将来都能够用区块链重构。区块链在其中必须带来传统互联网方案无法提供的价值，否则就没有应用的意义了。

对于万向来说，我们现阶段做这个事情，首先既要相信它，但是又不能头脑发热，头脑发热的结果肯定是一地鸡毛，所以得乐观的冷静，既要乐观相信它，同时又要冷静地一步步来，该踩的坑都会踩的。

澎湃新闻：具体做了哪些布局？

肖风：现在技术也不成熟，应用也在开发中，所以一方面，我们有团队做底层技术。另一方面，我们联合合作伙伴，也投资了一些团队，像矩阵元等，我们还和他们合作开发联盟链。因为你只有参与过底层技术的开发，才能从本质上理解区块链是什么。如果你只在应用层面投入，就无法理解区块链最底层和最核心的东西是什么，那么你在应用层面也会受到眼界上的限制。

同时，我们有两百人的团队做应用，目前分为三个方面，第一个是“供应链 + 区块链”的系统，已经有一些银行在我们的平台上发放贷款了，比如江西银行在我们打造的供应链金融服务平台上发放的贷款已超过 1 亿元。

第二个是在我们万向自己的汽车零部件产业链上面部署，这个也有金融机构在上面放贷款。

第三个就是我们和北汽集团的汽车整车物流平台。高速路上运车的承运商大多是个体户，一方面难以提供完整的符合银行贷款标准的资料用于向银行申请贷款。另一方面运输费的账期较长，而各种费用的支出和成本不菲，承运商的现金周转压力较大。针对这种行业痛点，万向区块链和北汽集团旗下中都物流、星展银行合作，联合推出了运链盟。在运链盟上，因为整个物流流程里的关键业务信息是上链的，加上北汽集团的信用传递，当这些承运商有资金需求的时候，就可以利用链上的业务资产向银行发起贷款，而贷款利息通常都在 10% 以下。因为运链盟上是闭环的，银行也能放心地给小承运商放贷。截至 2019 年 9 月，运链盟上发生的融资金额已达数千万人民币。

澎湃新闻：所以主要还是解决信用问题。

肖风：对，区块链用一套数学方法帮助你建立一个信任关系，我们可以因此达成交易。我们把银行和货车司机的信任以极低的成本建立起来了，货车司机也能够获得很好的金融服务。这是已经上生产环境的应用。

总之，从应用的角度大概可以分为三大类，已经上生产环境的，已经完成概念验证模型的，还有仍在概念设计阶段的。实际上，我们有十几种应用在这三类里。

若是不做底层技术，商业上也难做好

澎湃新闻：万向在布局区块链的过程中，有考虑盈利模式吗？

肖风：有盈利模式，我们有收费的。我们做这个系统，提供区块链应用，任何交易发生，我们也是有收费的，只是说收费非常低。因为我们开发一个联盟链之后，再在联盟链上搭载应用，它的边际成本是非常低的。

澎湃新闻：主要投入是人才？

肖风：是的，主要是人的费用。因为我们不需要买机器和设备。我做了 5 年了，我觉得这是很好的商业，边际成本逐步在递减，甚至趋近于零。

澎湃新闻：这是不是意味着产权保护也很重要，这个东西要是被人抄袭了怎么办？

肖风：赚钱不是说赚在底层技术上面。虽然底层技术是最花时间和人力的，但是大家都开源，我们的联盟链也是开源的。

赚钱赚在哪里？你对区块链技术有很深的了解，你就能在商业上创造出来新的模式，你在这个地方赚钱，而不是在底层技术上。底层技术我们不收费，谁都可以拿去用，因为我们已经开源了。如果有人说，我的联盟链或公链不开源，我相信它是没有生命力的。

澎湃新闻：就是希望越来越多的人使用你的链？

肖风：更多人参与是商业上的事情，而开源与否关系到信任问题。只有把代码提供出来，别人才敢信任你。如果比特币系统不开源，谁敢相信它？

开源之后，任何人都可以检验我的技术和系统是不是安全的，是不是健壮的，对不对？开源的商业目的是让更多人都来用我的链，但即便用户人数多了，也不会为我带来直接的商业收益。

澎湃新闻：那大家在区块链上竞争的是什么？

肖风：底层技术不是一个竞争，大家都会开源，开源不是竞争，顶多算是一个竞赛。

澎湃新闻：也就是说你刚才讲的，做底层技术有助于对区块链本质有更好理解。

肖风：那当然，既然说区块链是用来改造生产关系、重构商业逻辑的，那么你一定要对技术、对底层的东西有深刻的认识。获得深刻认识的办法就是自己参与其中。

国家标准和国际标准都在探讨当中

澎湃新闻：国内对联盟链比较推崇。万向区块链也做了联盟链，未来联盟链会形成一个什么样的成熟模型？

肖风：我相信既然是联盟链，就不会只有一个链。

一些不同规模的公司在尝试推出自己的联盟链，这个领域的参与者有两类：一种是像万向区块链、阿里、腾讯这样的纯粹的技术公司开发联盟链，一种是基于自身应用场景开发联盟链并提供给生态合作伙伴使用。

澎湃新闻：这样是不是就涉及行业标准？

肖风：其实，2016 年工信部的中国电子技术标准化研究院就开始组织行业人士编写区块链技术标准，后来陆续出台的一些区块链标准，我们几乎都有参与。但是到目前为止，尚且只有团体标准，还没有敲定行业标准及国家标准，国家标准和国际标准仍在探讨当中。国际标准化组织（ISO）有一个区块链标准组，也成立两年多的时间了，但也还没有正式发布自己的区块链标准。这个不能着急，因为技术都还没有成熟。相信在未来，会随着技术的成熟而形成行业标准。

中国电子技术标准化研究院主持下的《区块链参考架构》实际上也递交给了国际标准化组织，储存在它的资料库里。最终国际标准化组织可能会综合大家的成果，出台一个国际标准，但不会是强制性的。

"区块链+"完成后，区块链金融才能出现

澎湃新闻：你怎么看区块链在金融领域的发展前景？

肖风：绝对有巨大的空间，但不是炒币、资金盘等这些东西。

我一直有一个比喻，枪掌握在毒贩手里是用来杀人越货的，掌握在警察手里是用来维护治安的，区块链就是那把枪。区块链技术在金融领域有很大的发展空间，但是它必须合规。

澎湃新闻：就是类似天秤币项目这样的吗？

肖风：其实要比它广泛得多，但在"区块链+"之后才会产生。为什么要在"区块链+"之后？因为要"区块链+"完成之后，数字货币才会有的真实应用场景，才会形成数字资产。

因此，"区块链+"完成之后，央行等机构发行的数字货币或代币才会产生有真实价值的使用场景。然后，会出现很多基于区块链的可投资工具（数字资产）。这个发展步骤是不能跳过的，把它跳过了，那就什么真实作用和用途都没有了，那些"妖魔鬼怪"就出来了。但也不能因为现在市场上存在"妖魔鬼怪"，就把所有的东西都一刀切了。

澎湃新闻：有人说互联网的下一个 50 年是基于区块链的价值互联网，你怎么看？

肖风：我认同这个观点，但是要放在一个历史过程里面来看。人类社会从互联网开始，逐渐的数字化，在这个数字化的过程中，有很多技术工具帮助人类完成数字化迁徙的进程。

3 年前我就写过一篇文章《人类社会的数字化迁徙》，我们可以重构一个数字世界，每个人都往数字世界搬东西，在数字空间生活的时间也会越来越多。在数字化关系里，大家可以是微信上的朋友。可以 5 年不见面，但是我对你依然可以很了解，这些没有数字化的工具是无法做到的。

区块链也是众多数字化工具之一。AI、物联网、互联网、云计算、区块链，都是数字化工具，在帮助我们搭建一个数字世界，完成数字化迁徙。

每一种数字化的工具都有其独特的功能。物联网和互联网，帮助我们以最便宜的方式汇集了大数据，推动了基于互联网的新商业出现，因为它们的成本足够低。人工智能是用较低的成本处理这些数据，云计算是用了一个非常好的方式去存储和计算这些数据。区块链则搭建了一个价值互联网，可以很好地把数据变成一个资产。

澎湃新闻：现在我们很多行为数据其实掌握在互联网巨头

手里，他们通过这些数据获得各种收入。有了区块链技术，我们个人就能够享有自己的数据的收益了吗?

肖风：那当然，区块链对你的数据做了很好的保护，同时你的数据通过区块链能够得到确权，确权之后才能金融化。要金融化首先要确认这个产权是你的。区块链就为互联网提供了一个很好的数据确权方案。